Ronaldo Pazini

**COM CAPÍTULO ESPECIAL DO PHD
DOUGLAS DE MATTEU**

NÃO SEJA VAZIO

Literare Books
INTERNATIONAL
BRASIL · EUROPA · USA · JAPÃO

Copyright© 2019 by Literare Books International
Todos os direitos desta edição são reservados à Literare Books International.

Presidente:
Mauricio Sita

Vice-presidente:
Alessandra Ksenhuck

Capa:
Gabriel Uchima

Diagramação:
Paulo Gallian

Revisão:
Giane Alves

Diretora de projetos:
Gleide Santos

Diretora executiva:
Julyana Rosa

Relacionamento com o cliente:
Claudia Pires

Impressão:
Impressul

Dados Internacionais de Catalogação na Publicação (CIP)
(eDOC BRASIL, Belo Horizonte/MG)

P348n
Pazini, Ronaldo.
　　Não seja vazio / Ronaldo Pazini, Douglas De Matteu. – São Paulo, SP: Literare Books International, 2019.
　　14 x 21 cm

　　ISBN 978-85-9455-198-6

　　1. Autorrealização. 2. Técnicas de autoajuda. I. Pazini, Ronaldo.
　　　　　　　　　　　　　　　　　　　　　　　CDD 158.1

Elaborado por Maurício Amormino Júnior – CRB6/2422

Literare Books International
Rua Antônio Augusto Covello, 472 – Vila Mariana – São Paulo, SP
CEP 01550-060
Fone/fax: (0**11) 2659-0968
site: www.literarebooks.com.br
e-mail: literare@literarebooks.com.br

Dedico este livro ao meu tio José Aparecido Pagliarini Pazini pelos exemplos ao longo da vida e pelo apoio incondicional ao longo de minha jornada. Por ter conseguido absorver a essência de meus avós Américo e Pierina com muita disciplina, força de vontade e competência, conseguiu prosperar como grande administrador de empresa.

Ronaldo Pazini

Dedico este livro a minha esposa Ivelise Fonseca De Matteu, companheira fiel, que sempre está disponível para incentivar e apoiar, mulher virtuosa, de caráter inabalável, que possui um coração maior do que o peito, emotiva e contagiante, admiro sua força, energia e capacidade de realização.

Douglas De Matteu PhD

Agradecimentos

Agradeço primeiramente a minha mãe, Dona Marli, a qual o amor e dedicação na minha criação foram determinantes na formação de minha personalidade; a minhas irmãs queridas Juliana e Fernanda, e a meu amado pai, Sr. Pascoal.

À minha amada esposa e grande apoiadora desta obra, Katia Regina Pimentel Pazini, que mesmo com as suas demandas de trabalho consegue diariamente cuidar da casa, dos filhos, do marido e de nosso cachorrinho Luke.

Ao Prof. Douglas De Matteu, Ph.D., amigo e incentivador, por sua parceria, dedicação e comprometimento com o conteúdo e qualidade deste livro.

Aos Professores amigos de Docência, mestre João Faria, Ivan Gonçalves, Denilce Xisto, Kleber Bertucca, Filipe Rein, Renata Nakata, Frank Cotieiro, Hélio Gunji, Leandro Crippa pelos encontros na sala dos professores e compromisso coma formação dos futuros professores de Educação Física.

Ao superintendente do SESI, Alexandre Pflug, por acreditar no Projeto Paralímpico iniciado em Suzano e por ter transformado o esporte no SESI desde a iniciação até o alto rendimento.

Aos diretores, gerentes e supervisores do SESI São Paulo André Martins da Silva, Carlos Frederico Brito, André Nascimento, Paulo Cassati, André Vigneron, Omar Augusto Miquinioty, Luis Claudio Marques, Mário Quaranta, Carlos Alberto de Carvalho, Marco Aurélio Rondon, Sueli Balabuch, Silvia Helena Marchi, Luciana Ventola, Silvia Simone, Roberta Salles, Eduardo Carreiro, Thiago Fadeli, Edson Lourenço e Marcelo Mendes pelos posicionamentos e direcionamentos nos momentos em que trabalhamos juntos, contribuindo para a minha formação pessoal e profissional.

À jornalista Marilei Schiavi pela excelente prestação de serviços à população transmitida diariamente em seu programa "Radar noticioso" pela rádio metropolitana AM.

Ao jornalista Wanderlei Gonelli Gonçalves pela parceria, amizade e cumplicidade ao longo dos anos.

Ao diretor Décio Sunagawa na UniJá (Universidade de Jaguariúna), pela confiança e credibilidade em meu trabalho docente.

Ao empresário Renato Oldra por me confiar o treinamento constante de sua equipe frente às necessidades do mercado de trabalho.

Ao empresário Dorival Martins, por acreditar que o *coaching* pode impactar na vida das pessoas.

Aos amigos e anjos da turma 43 de formação em *coaching*, promovida pelo Instituto de Alta Performance Humana - IAPERFORMA 2019. Vocês são incríveis!

Ao amigo Jorge Salvarani, (Grupo do Espanhol), a quem agradeço pelos conselhos e dicas sobre a vida e o mercado de trabalho.

Agradecimento especial a Roberto Xavier Augusto Filho, Diretor executivo de Educação do SESI pelos 15 anos que trabalhamos juntos compartilhando conquistas, desafios e ideias para a construção de trabalhadores mais saudáveis e alunos mais preparados para a vida em sociedade.

Agradecimento especial a Auclésio Ranieri, pela confiança e credibilidade em meu trabalho e por seus ensinamentos e apoio durante os anos juntos.

Agradecimento especial a Dra. Celia Alvarez Gamallo Piassi, procuradora de Justiça na cidade de Campinas, pela amizade, cumplicidade e apoio nos momentos de incertezas da vida.

Agradecimento especial ao mestre Élcio Antônio Adami Terra (Terrinha), pela honestidade, simplicidade e conhecimento em lidar com os alunos no ensino superior.

Agradecimento especial ao mestre Ronaldo Gonçalves de Oliveira, orientador de esportes do SESI Suzano por ser um desbravador do trabalho para pessoas com deficiência.

Agradecimento especial aos profissionais de RH ou da área de saúde de excelentes empresas com os quais tive o orgulho de desenvolver parcerias e promover ações para a saúde e o bem-estar do trabalhador, como Ricardo Jonsson na empresa Sanofi, Fabiana Braga na Prada / CSN, Flavia Leite na Suzano, Cyntia Ramos na General Motors, Marina Bezerra na Nadir Figueiredo, Vitório Mizobata e Jorge Takubo na NGK, Eliana Pereira na Melhoramentos (Softys), Fabiana Silva na Uliana, Cristiane Vasconcelos na Paineiras, José Chagas na Komatsu, Diana Farias na Maria Coura, Rodrigo Oliveira na Reichhold, Ceciane Gomes na São Bernardo e Niken, José Antônio na Ibar, José Luis Arranz na Clariant, Johnson Nakata e Edmilson Ferreira na Rinnai, Silmara Lourenço e Guanair Junior na Steris /Sercon, Silvia Leal na Nambei e RTK, Silvio Colombini na Brinquedos Bandeirante, Caio Braghiroli na Emibra, Silvia Leite na Cordeiro Fios e Cabos, Miler Ribeiro na Valtra, Cecília Tanabe na NSK e Danielle Cristina na Polimix, a todos, sinceramente, muito obrigado!

Ronaldo Pazini

Agradeço primeiramente a Deus e, em seguida, ao amigo Ronaldo Pazini, que me convidou para o grandioso projeto deste livro, que ele idealizou. Agradeço a oportunidade de contribuir com essa magnífica obra que vem de encontro às demandas contemporâneas. Com certeza, vai contribuir significativamente com vida de milhares de pessoas.

Agradeço também à minha querida esposa Ivelise Fonseca De Matteu, à minha princesa Sarah Fonseca De Matteu, aos meus pais – à querida mamãe Laudomira de Fatima Trigo, exemplo inspirador, a meu pai, Oswaldo Luiz De Matteu –, e aos irmãos apoiadores, Rodolfo e Neto. Uma gratidão especial a centenas de alunos do IA Performa, clientes, parceiros e amigos que apoiam o trabalho movido com o propósito de inovar, crescer, desenvolver e contribuir para a alta *performance* das pessoas e das organizações, de modo sistêmico e com foco na maximização dos resultados de maneira consiste.

Agradeço, também, à direção da Fatec de Mogi das Cruzes, na pessoa do Prof. Dr. Bruno Panccioni, aos coordenadores e professores, em especial Profa. Dra. Carla e Prof. Mestre Aloisio, e às centenas de alunos dessa instituição que amo. Também estendo minha gratidão para a Florida Christian University – EUA, nas figuras do Dr. Bruno Portigliatti e do Dr. Anthony Portigliatti, e ao Programa de Pós-Graduação da FMU.

Ao apoio constante do CRASP, na pessoa da Dra. Teresinha Covas e dos grupos de excelência em Gestão de Instituições de Ensino Superior – GEGIES e em Pesquisa Aplicada em Administração – GEPAD.

A minha parceira de negócios e sogra Dra. Raquel Fonseca, PhD, com a qual divido inúmeras vezes o palco das formações em *Coaching* pelo Brasil e que contribui significativamente para meu desenvolvimento intelectual e espiritual, refletido nesta obra.

Douglas De Matteu, PhD

Depoimentos sobre Ronaldo Pazini

Dra. Celia Alvarez Gamallo Piassi - procuradora na Prefeitura Municipal de Campinas.

Conheci o Ronaldo em nossa infância, ele é sobrinho de amigos muito queridos.

Éramos pequenos e tímidos, ele já enfrentava a necessidade de realização de procedimentos cirúrgicos, mas era calmo e alegre, gostava de brincar.

Depois... cresceu, na adolescência, recuperado após tratamento, continuava alegre, cheio de amigos e amava os esportes, interagia com todos, pequenos, de sua idade e com os mais velhos... neste caso, meu pai foi outro exemplo; senhor espanhol rígido e que não gostava de envelhecer... ele carinhoso, junto com seus amigos, chamavam-no para o jogo de futebol na praia e ele ia, junto com o Ronaldo e seus amigos, realizado; ganhou vários anos de vida pelo reconhecimento de sua possibilidade na prática esportiva e pela autoestima trazida pelas amizades.

Este livro vem ao encontro da atitude positiva que Ronaldo, desde pequeno, teve com a vida, somado aos anos de estudo e dedicação no seu trabalho e que, certamente, ajudará diversas pessoas no entendimento da importância da qualidade de vida.

Sucesso meu amigo... nesta nova jornada, que está apenas começando.

Lucas Negrin – *coach* em vendas / palestrante.

"— Sr. Flávio, obrigado pelo jogo de hoje e disponibilidade em montar as traves pra gente jogar";

"— Serginho e Flavinho, marquem na defesa e no ataque deixa comigo!";

Essas frases eram ditas pelo meu grande amigo Ronaldo num jogo de futebol que acontecia na praia de Solemar — Litoral Sul de São Paulo — onde nos conhecemos e passamos todas as férias escolares nos anos 90.

Era com essa dedicação, entusiasmo pelo esporte, que desde então o Ronaldo já se mostraria um excelente ser humano, além de educado e inclinado ao bem, demonstrava a liderança positiva com as pessoas. Sua experiência mostra que o esporte realmente cura e, neste livro, resume o que de fato é preciso SER para não SER VAZIO.

....

Mestre Élcio Antônio Adami Terra (Terrinha) – prof. titular na Universidade Nove De Julho.

Durante nossa trajetória de vida, nos deparamos com muita gente. O Ronaldo foi uma dessa pessoas que o acaso aproximou. Primeiramente conheci o profissional dedicado e apaixonado pela Educação Física e só mais tarde que fui descobrindo essa pessoa grandiosa cheia de talentos. Tivemos a oportunidade de trabalhar juntos e a experiência foi fantástica, pois esse jovem profissional e ser humano extremamente ético demonstra em seus atos um grande companheirismo, deixando o ambiente profissional propício ao trabalho em equipe. Ele tem uma grande inteligência social que aproxima as pessoas, esse é um dos talentos que eu aprecio muito em um professor educador. Enfim, o Ronaldo é uma dessas pessoas que nos orgulhamos em chamar de amigo "Menino Bom".

....

Prof. Mestre João Baptista de Faria, professor da faculdade Uniesp/Unisuz de ensino superior e professor do Colégio Integrado Objetivo.

É linda a interação que você tem com os seus alunos. Percebo como se doa ao passar seu conhecimento e a prática correta, demonstrando responsabilidade e competência, e muito amor pelo que faz, seguindo com ética e profissionalismo, mostrando assim seus conhecimentos e colhendo seus frutos com resultados positivos!

Respeito e admiração do amigo e professor.

....

Prof. Dr. Ivan de Oliveira Gonçalves - coordenador técnico do Centro de Referência de Idoso da Prefeitura Municipal De Poá.

Grande Amigo Ronaldo. Um grande prazer tê-lo como amigo e, principalmente, como o profissional de Educação Física que você é. Contribuindo com grande valia dentro de sua especificidade para o crescimento da disciplina. Muito obrigado.

Prof. Dr. Ronaldo Gonçalves de Oliveira – orientador de esportes – Serviço Social Da Indústria.

Tive a felicidade e o prazer de conhecer o Prof. Ronaldo Pazini em 2004, quando iniciamos uma caminhada de 15 anos de parceria, neste período pude acompanhar seu crescimento e amadurecimento profissional.

Nesta época, se aprofundou e se capacitou na área de Educação com foco na gestão. Com o passar dos anos, a vida acadêmica no ensino superior também foi incorporada as suas atividades. Profissional dedicado, tornou-se uma referência no quesito transformar e transmitir conhecimento.

O livro *Não seja vazio* é um reflexo do modo como o Prof. Ronaldo Pazini encara os desafios e os objetivos em sua vida e que muito pode contribuir para todos os profissionais.

....

Dra. Cyntia Ramos – empresa General Motors do Brasil.

O profissionalismo, a dedicação e o amor pelo que faz, torna o Ronaldo uma pessoa diferenciada e uma referência quando o assunto é qualidade de vida.

....

Edmilson Ferreira – Rh da empresa Rinnai.

Quero deixar aqui o mais sincero elogio ao profissionalismo e à dedicação que você manifesta dia após dia em todas as atividades que realiza. Sua postura é um exemplo digno de ser copiado por todos nós. Continue demonstrando essa sua capacidade única que lhe tem trazido grandes resultados. Você merece todo o sucesso do mundo e eu tenho certeza de que seu caminho será recheado de vitórias! Vou deixar duas frases para você: cuidar de pessoas é poder cuidar de si mesmo! Para quem tem fé, a vida nunca tem fim!!

....

Ricardo Jonsson – coordenador de estudo de estabilidade – Controle de Estabilidade – Sanofi.

É um prazer contribuir com meu depoimento para esse importante tema e também ao meu grande amigo Prof. Ronaldo Pazini. Um profissional de extrema competência que coloca de fato a paixão no que faz, sempre procurando extrair o melhor de cada um e buscando levar ao próximo a visibilidade do que realmente é importante para a qualidade de vida das pessoas. O que me chama a atenção nas ações do Ronaldo é a capacidade de procurar entender o lado bom e positivo da vida, fortalecendo os pontos positivos e trabalhando nos pontos a desenvolver, tentando trazer essa mensagem de forma assertiva no sentido de melhoria constante. O tema e conteúdo abordados neste livro são muito relevantes e atuais, tenho certeza de que ajudarão muitas pessoas. Grande oportunidade a todos, sucesso sempre!

....

Dr. Eduardo Pazini De Barros – farmacêutico bioquímico – Toronto, Canadá.

Se há algo que o Ronaldo Pazini pode falar com respeito é perseguir seus ideais. Com a determinação herdada de dona Marli, sua mãe, que foi pragmática e consistente na resolução de um percalço que surgiu em seu nascimento, desde cedo ele focou seu interesse em uma profissão que preenchesse sua paixão pelo esporte e a vontade de ajudar outras pessoas a desenvolverem seu máximo potencial. Com o desejo dos obstinados, mudou-se da casa dos pais e de cidade por mais de uma vez para realizar o sonho de influenciar positivamente as pessoas por mais qualidade e satisfação em suas vidas. Apesar da rotina atribulada, é um exemplo sobre como conciliar a uma vida profissional de sucesso com a vida pessoal praticando seu *hobby*, que é agitar festas e eventos com seu som alucinante como DJ. *Não seja vazio – Tudo o que precisa está dentro de você* é o ensinamento prático de quem soube buscar dentro de si e no bom exemplo a sua volta como dedicar a sua vida aos seus objetivos e em prol do próximo.

....

Mara Diotto - programa "Carreiras & Negócios", Tv Relacionamento.

Fiquei muito feliz em receber Ronaldo Pazini em meu programa, onde ele apresentou seu trabalho competente na qualidade de vida das pessoas. É muito bom ver profissionais deste nível elevado, se empenhando para que as pessoas vivam melhor e mais felizes. Parabéns, Ronaldo! Que seu trabalho tenha grande continuidade e continue com muito sucesso.

Jornalista Marilei Schiavi – âncora do programa Radar Noticioso da Rádio Metropolitana AM 1070.
Qualidade de vida é o assunto mais importante para alcançarmos saúde associada à longevidade. O professor Ronaldo Pazini atua há muitos anos desenvolvendo um trabalho com estudos, pesquisas e muita dedicação para levar às pessoas conhecimento sobre a importância da atividade física que vai além das salas de aula: é disposição para ser muito mais feliz e pleno!!!

....

Profa. esp. Kelly Cristina de Jesus Pinheiro – prof. efetiva na Prefeitura Municipal De Guarulhos.
Fiz meu curso de pós-graduação em Psicomotricidade com o professor Ronaldo Pazini e tive a sorte e a felicidade de tê-lo em minha vida acadêmica.

Um ser humano incrível, que instiga e incentiva seus educandos a buscar meios e práticas mais significativas, não só para o magistério se tornar mais leve e muito mais prático, para a vida ser mais saudável. As aulas mudaram minha prática, o curso mudou minha forma de ver a sala de aula. Trabalho com crianças muito pequenas, entre 2 e 3 anos, a prática da psicomotricidade se torna um diferencial, não só para mim como profissional, como para meus alunos que, tenho certeza, terão muito mais chances de se desenvolver melhor com tudo o que aprendi e consigo transmitir com esse excelente profissional. Agradeço imensamente a oportunidade, desejo muito sucesso sempre!

....

Prof. Junior Silva.
O prof. Ronaldo Pazini é um profissional sensacional, tive a oportunidade de conhecê-lo quando criança no clube do SESI-Suzano, quando fiz parte do Programa Atleta do Futuro. Na época, ele era coordenador de esportes na unidade. Com o passar dos anos, me surpreendi em ser aluno dele na Universidade de Suzano "Unisuz", onde cursei Educação Física. Foram anos de grandes dificuldades para mim em relação à saúde, estive e estou enfrentando uma depressão. E ele foi um dos poucos professores em que confiei para pedir ajuda, para não desistir do sonho que era me formar. Como professor, demonstra muito cuidado e interesse em ajudar e motivar seus alunos, percebe-se sua ÉTICA como um grande ponto positivo, pois ele é um profissional que ensina com exemplos.

Competência, Profissionalismo e Comprometimento: três palavras que definem o perfil do Prof. Ronaldo Pazini. Hoje com orgulho de ser um professor de Educação Física formado, deixo aqui o meu sincero agradecimento a esse grande motivador e amigo.

Eng. Maurício Ávila – engenheiro de aplicações automotivas – Empresa Sabic e síndico do condomínio Vida Verde 1.

Não seja vazio, esta obra não poderia ter um autor diferente para escrevê-la, Ronaldo Pazini, um apaixonado por ajudar a todos, de um coração ainda maior, sempre com dedicação e determinação pensando no bem de todos, para que nunca tivéssemos um vazio dentro de nós. Lembro da primeira vez, do nosso campeonato no SESI, onde o maior prazer era ver os times felizes dentro do campo, não importava como, sua dedicação era acima do normal, depois em ajudar meu filho a se socializar ainda mais com as equipes do SESI, até nos encontramos nos campos de futebol e hoje tenho prazer de dividir o mesmo grupo ao qual me dedico há 25 anos com ele. Uma pessoa diferenciada que merece todo o meu respeito e admiração.

Prof. Dr. Benedito Franco – diretor da faculdade de Suzano.

Sinto-me privilegiado em participar com o meu depoimento na obra *Não seja vazio* do Prof. Ronaldo Pazini.

A abrangência atual do conceito de qualidade de vida, deixando de lado apenas a preocupação com a saúde física das pessoas, para abarcar, também, o estado psicológico, e as relações sociais com que o indivíduo interage com o contexto social em que vive, mostra que o trabalho do Prof. Ronaldo Pazini certamente ocupará um lugar que estava para ser preenchido na literatura da área da Educação Física.

Levando em conta que, nos dias atuais, a expectativa de vida do ser humano aumentou consideravelmente, a abordagem que encontramos na obra do Prof. Pazini demonstra que é possível manter uma vida saudável para a longevidade que se tem alcançado.

Parabéns, Ronaldo Pazini!

Depoimentos sobre Douglas De Matteu PhD

Oscar Castello Branco de Luca – deputado estadual SP.

Tive o privilégio de conhecer o Prof. Douglas De Matteu no meu curso de *Coaching* na IAPERFORMA em Abril de 2014. Sua disposição, eloquência, serenidade e competência acadêmica o destacaram como líder eficaz e emérito docente. As suas aulas fizeram a diferença.

....

Natália Gonçalves Trigo Park - gerente de negócios no Banco Sofisa S/A.

Um ser humano fantástico, um professor técnico e um *master coach* com alto nível de excelência.

Há amor, verdade, conhecimento e preparo em tudo o que ele faz. Tem uma capacidade ímpar com a gestão de emoções.

Como *leader coach*, atua com tanto profissionalismo e com técnicas tão precisas que surpreende e motiva!

Que honra ter tido a oportunidade de ser sua aprendiz.

Obrigada pelas ferramentas divididas, obrigada por me conduzir ao nível máximo de autoconhecimento e pela generosidade em dividir tanto conhecimento de forma sem igual.

Gratidão!

....

Priscila Yamagami Kähler - diretora da escola de governo e gestão da prefeitura de Mogi das Cruzes, vice-presidente do CMIT - Conselho Municipal de Inovação e Tecnologia de Mogi das Cruzes.

Não seja vazio! Tudo o que precisa está dentro de você!

Que tema rico! Que conclusão maravilhosa! E que prazer e vontade de ler e conhecer o conteúdo deste livro, que a meu ver é a chave para uma vida plena!

Assim como o tema, o amigo Douglas De Matteu é repleto de riqueza intelectual, conhecimento e de muita motivação!

Falar do Douglas é falar de um *"case* de sucesso"!

Ele me remete a um menino maduro e cheio de vida, com muita vontade de fazer a diferença na vida das pessoas com muita competência e dedicação.

Um grande professor e parceiro de trabalho que verdadeiramente abraça a causa da educação de excelência.

Está sempre junto nos momentos em que a união é imprescindível para dirimir os dilemas da docência!

O Douglas é, acima de tudo, um grande amigo, confiável, conciliador e sempre com uma palavra de apoio nas horas mais difíceis!

Ele é indiscutivelmente um talento, um amigo leal e um super profissional! Parabéns por mais esta obra que, com certeza, será mais um sucesso!!!!!

Douglas de Siqueira - Master Coach Esportivo e Empresário.

Falar sobre o Douglas De Matteu é uma honra e até fácil, pois é uma pessoa que transmite muita luz e sabedoria no que faz. Passar o conhecimento e com extrema responsabilidade como faz é para poucos. Por meio dele, tive o primeiro contato com o *coaching* lá em meados de 2012, mas realmente só criei coragem de passar por esse processo extraordinário em 2018. Foi o divisor de águas em minha vida, hoje sou *Master Coach* Esportivo graças ao Douglas De Matteu, que me mostrou esse mundo fantástico, e tenho a possibilidade de ajudar atletas e pessoas, tenho minha empresa, a Academia Mente de Campeão que muito se deve a essa pessoa incrível que é o Douglas.

A GRATIDÃO ao Douglas De Matteu é imensa, desejo muita luz em sua jornada e muito sucesso!

Celso Júnior - Bancário e *professional coach.*

O professor Douglas De Matteu é um ser humano inspirador, sua metodologia vai além das técnicas aplicadas. Com sua originalidade, ele consegue tocar em nossos corações, motivando-nos a trazer à memória aquilo que nos dá esperança. Sou grato pela experiência em ter conhecido e sido ensinado por esse homem que é bem mais do que um professor.

Um pouco mais sobre o autor
Ronaldo Pazini

Quando decidi escrever este livro, pensei em trazer algo novo, que realmente tocasse a vida das pessoas e fosse verdadeiramente relevante. Não gostaria de escrever mais uma obra para a sua estante ou apenas mais do mesmo. Decidi criar uma metodologia própria baseada na minha experiência de 15 anos à frente de uma grande equipe que busca a efetiva melhoria da qualidade de vida das pessoas. Espero que consiga tocar você e o faça se sentir uma pessoa melhor, melhor para um mundo melhor, uma família mais unida e feliz. Vou lhe trazer a reflexão com textos curtos e diretos com uma mensagem bem objetiva. Por exemplo: no texto "Experimente se desconectar", comento o quanto nós seres humanos evoluímos com a tecnologia e o quanto regredimos em nossa maior vocação. Após cada leitura, deixo aqui a sugestão de postar uma foto em sua rede social com a #naosejavazio falando sobre sua experiência de leitura.

Sou nascido e criado em São Paulo no bairro da Freguesia do Ó (zona norte), onde morei até os 20 anos e sempre volto para visitar meus pais e amigos que fiz na escola municipal Plynio Ayrosa (1º ao 8º ano) e no Colégio Jácomo Stavale (ensino médio). Naquele tempo, ainda brincávamos na rua e as amizades eram mais reais do que virtuais, infelizmente muitos daqueles amigos de infância seguiram por caminhos alheios aos da educação e não estão mais entre nós. No meu caso, destaco a base sólida que recebi de meus pais, avós e tios, que sempre me mostravam que educação e respeito vinham de casa.

Meu primeiro emprego com carteira assinada foi como digitador em uma empresa que ficava no bairro da Praça da Árvore, a duas horas e meia de casa. Sou eternamente grato a Sra. Isabel Barros que me indicou à empresa e me proporcionou uma renda fixa para começar a trilhar a minha história. Nesse mesmo período, fiz a faculdade de Educação Física no bairro da Liberdade, foi um período bem agitado da minha vida, em que saía da faculdade direto para o trabalho. Fazia o turno da compensação bancária das 21h30 às 03h30 da manhã. Chegava em casa por volta das 5h00. Em dois anos nessa jornada, fui assaltado duas vezes e aprendi a me proteger na madrugada fria de São Paulo. Hoje, contando-lhe essa história, me orgulho dessa passagem e me lembro que sempre que chegava em casa, as luzes do quarto de meus pais estavam acesas e se apagavam ao me ver chegar (só quem é pai ou mãe sabe o que é saber que seu filho chegou bem em casa).

Nessa época, aprendi a valorizar cada centavo e a comemorar as pequenas conquistas, foi assim quando comprei meus primeiros equipamentos de DJ (uma de minhas paixões) com a ajuda de meu avô. Eterno Sr. Américo, pessoa que me ensinou muitas coisas e que adorava conversar sobre a vida e ouvi-lo contar histórias de sua infância, de sua esposa, minha avó dona Pierina, a pessoa mais bondosa e generosa que conheci. Lembro-me de sua presença trazer muita paz e de unir a família nos finais de semana só pelo fato de estarmos juntos.

No último ano da faculdade, um professor, César de Oliveira da FMU, me indicou para um estágio em uma escola de futebol oficial do Sport Clube Corinthians, e lá iniciei minha vida dentro da Educação Física. Tive o privilégio de trabalhar com pessoas maravilhosas e competentes que me deram oportunidades e me ensinaram muito. Amigos que trago até hoje em meu coração. Carlos Octavio do Valle, Leandro Idalino e Robson Zimerman, profissionais que até hoje estão no meio do futebol. O estágio começava às 10h00 e terminava às 17h00, para entrar às 18h00 na faculdade. Imagine a correria para atravessar São Paulo e chegar à FMU, no bairro da Liberdade. Passei seis anos nas escolas e tive oportunidade de vivenciar o estágio, ser professor e coordenador de duas unidades das escolas Chute Inicial nas cidades Tatuí e Itapetininga, no interior de São Paulo. Este último trabalho de coordenador das unidades me trouxe uma bagagem espetacular, pois, aos 21 anos, já coordenava uma equipe de oito pessoas. Pude conhecer e me apaixonar pela estrutura do SESI-SP, pois escolas de futebol eram dentro das unidades nas respectivas cidades. Em um ano de trabalho, chegamos a atender 200 alunos, o que foi um grande feito da minha carreira. Infelizmente houve uma mudança na alta gestão do SESI e foi regulamentada que não poderia ter outra marca dentro das instalações esportivas das unidades. Foi um momento bem tenso, pois os pais ficaram enfurecidos com a saída das escolas, o que reforçou a qualidade do nosso trabalho. Lembro-me de receber abaixo-assinado dos pais, muitos queriam falar com o prefeito e com o vereador Manu, que era bem influente na cidade Tatuí. Naquele momento, entendi a posição do SESI e, em conversa com o supervisor Sidnei, acabei acalmando os ânimos e fazendo os pais entenderem que era algo irreversível.

Voltei para São Paulo e fui trabalhar como professor em uma escola do bairro onde morava, no Colégio BEKA, escola muito tradicional e conceituada na região. Nessa época, fiz uma pós-graduação em Educação Física Escolar e coloquei na cabeça que iria entrar no SESI local, onde pude acompanhar o trabalho do coordenador André Nascimento e ver o quanto de atividades era proposto para a comunidade. Era um ambiente muito bom para fazer amigos e, mesmo atuando como terceirizado, adorava ver tudo aquilo. Assim, Edson Lourenço, um desses grandes amigos que fiz na minha passagem por Tatuí, me ligou dizendo que havia uma vaga de coordenador na cidade de Taubaté e que era para eu me inscrever. Fiz a inscrição, estudava dia e noite para a prova (minha irmã Fernanda que sofreu me ouvindo falar sozinho), procurava provas antigas, lia muito sobre lazer, sobre os projetos do SESI, sobre academia e fui fazer a prova escrita. Chegando no SESI – Taubaté "CAT Luiz Dumont Villares", fiquei impressionado com a beleza do local e a quantidade de candidatos, eram umas 100 pessoas, fiz a prova e fui aprovado entre as dez melhores notas; depois vieram as entrevistas com os supervisores e fiquei entre os cinco aprovados; por último, a entrevista com o diretor da unidade chamado Sr. Julio. Enfim, fiquei em segundo lugar na classificação final. O primeiro colocado foi o Paulo Pera, pessoa sensacional, que é um grande amigo até hoje. Não consegui entrar naquele processo e havia ficado como habilitado aguardando uma nova vaga. Assim voltei a dar aulas no colégio, minha jornada era das 8h00 às 17h00 e, às terças e quintas, dava aulas voluntárias na turma do EJA. Até que um dia, em uma dessas aulas, meu telefone tocou e era o supervisor do SESI Sr. André Martins me dizendo se gostaria de assumir uma vaga temporária de orientador de esportes no SESI – Suzano. Aceitei a vaga e iniciei meus trabalhos em novembro de 2004. Atuei como orientador de esportes até 2008 e, em 2009, participei do processo de coordenador novamente e fui aprovado, assumindo a vaga de coordenador de esportes e, depois, de coordenador de qualidade de vida até janeiro de 2019. Nas páginas a seguir, você vai conhecer um pouco mais de minha trajetória.

Um pouco mais sobre o autor
Douglas De Matteu PhD

Douglas De Matteu é natural de Suzano, onde nasceu e cresceu, filho de Laudomira de Fatima Trigo e Oswaldo Luiz De Matteu, tendo como irmão Rodolfo De Matteu e Oswaldo De Matteu, filho do meio, sua primeira "experiência profissional" foi trabalhar num estacionamento do já extinto Banco Real. Foi o primeiro filho a finalizar o curso Superior em *Marketing* na UMC com muitos desafios financeiros. Atuava na época numa corretora de seguros, porém o seu salário era insuficiente para conseguir pagar a faculdade, todo semestre recorria para o setor de negociações da instituição. Após um ano de faculdade, não teria como dar continuidade aos estudos, pois não havia condições para fazer uma nova negociação, nessa época, o seu irmão Rodolfo o convidou para participar de um projeto de aulas de informática, durante um mês. Tirou suas férias na corretora de seguros e passou a dar aulas todos os dias para levantar os recursos para faculdade e, assim, conseguiu se formar em 2002. Em seguida, deu continuidade aos estudos, fazendo o bacharel em Administração de Empresas. No último semestre da faculdade, foi convidado para lecionar na Instituição e, em 2005, iniciou como professor universitário com apenas 23 anos. Inspirado em sua mãe, que também foi professora, fez pós-graduação em *Marketing*, em seguida se especializou em Educação a distância, lecionou na Escola Técnica Mogiana, UMC, UBC, UNISUZ. Tornou-se professor concursado na Fatec de Mogi das Cruzes em 2008, aprofundou o estudo com Mestrado em Semiótica, Tecnologias de Informação e Educação. Na ocasião, lecionava na graduação e na pós-graduação da UMC e na pós da UBC, tinha muito trabalho, mas bastante insatisfação interna. Nesse período, recebeu um convite que mudou toda a sua história de vida, o coordenador na época perguntou se poderia dar um curso de *Leader Coach*, naquele tempo nem sabia o que era *Coaching*, porém seguindo as orientações da amiga e mentora Profª Lurdinha, que disse "se a oportunidade bater, abra a porta". Mesmo sem entender muito do tema, aceitou o desafio, teria um mês para aprender sobre o que era *Coaching*, em especial o *Leader Coaching*, mergulhou no fascinante mundo do *Coaching* e descobriu que existia uma metodologia que poderia transformar sonhos em realidade, planos em ação, metas em realização. Lecionou o melhor curso que poderia dar naquele momento. Logo em seguida, em janeiro de 2011, fez sua primeira formação em *Coaching*, o que foi um grande divisor de águas. No mesmo ano, produziu a missão norteadora de sua vida "Evoluir constantemente como ser humano. Contribuir para a transformação e desenvolvimento da vida das pessoas, organizações, por meio do conhecimento e do amor". E a visão de "Ser reconhecido como professor, *Master Coach Trainer*, escritor e empresário de sucesso, que contribui de modo singular com a vida das pessoas e com o bem-estar global". No mesmo ano, participou de três livros como coautor. Sua vida ganhou significado, aprendeu a gerenciar suas emoções, controlar seus pensamentos, identificar seus comportamentos sabotadores e ajustar a vida para potencializar seus resultados. No ano seguinte, 2012, idealizou e fundou o Instituto Evolutivo, agora reposicionado como Instituto de Alta Performance Humana - IAPerforma®. Tendo como objetivo atuar na área de treinamentos e *Coaching*, realizou diversas outras formações em *Coaching*, inclusive o Mestrado na Arte do *Coaching* pela Florida Christian University - FCU – EUA. Ainda como aluno, foi convidado para se matricular no Doutorado em Business Administration, e para lecionar nos Estados Unidos. Sua primeira viagem para a América do Norte foi custeada pela FCU, lecionou em Miami e Orlando, e pela mesma instituição foi lecionar no Japão anos mais tarde.

Atualmente, mora em São Paulo, é casado com a Dra. Ivelise Fonseca De Matteu, e possui uma linda menininha, Sarah Fonseca De Matteu. Continua lecionando na Fatec de Mogi das Cruzes e também na Florida Christian University – EUA e participou de mais de 30 livros. Já lecionou e palestrou para milhares de pessoas. Sua escola de Coaching, IAPerforma®, já formou mais de 1000 *Coaches* pelo Brasil e ministra treinamentos em diversas empresas nacionais e multinacionais, além de atuar com perfis comportamentais como o DISC e o SysPersona. Em uma de suas turmas de formação, teve o privilégio de conhecer o professor e, agora, *Professional Coach*, Ronaldo Pazini, que o convidou para esta fantástica obra, em que contribuiu ao escrever sobre *Coaching*, PNL e Constelação como estratégia para preencher o possível vazio.

Sumário

Introdução 25

Os alicerces da QV 29

A mente é o que nos move! 31

Tenha comportamentos saudáveis 35

Tenha equilíbrio emocional 41

Seja uma pessoa do bem 45

Encontre significados para a sua vida 51

Empoderamento da alma 55

Seja o dono de seu destino...........................59

Você está no trabalho certo?....................... 61

Seja mais competitivo.....................................69

Sempre alinhe seus valores.......................... 73

Sempre é tempo de recomeçar..................... 75

Qual seu grau de felicidade........................... 79

Como conquistar seus objetivos 87

Você vai ser feliz este ano?...........................93

Experimente se desconectar 95

Incentive seus filhos a praticarem atividade física 97

Adolescência saudável..101

Envelheça ativamente... 107

Você cuida de seu meio ambiente? 111

Não perca sua noite de sono 113

O *Coaching* para vencer o vazio 115

Sete chaves para preencher o vazio 119

Coaching e a qualidade de vida........................... 123

Novas perspectivas da qualidade de vida 125

Seu perfil comportamental e qualidade de vida......... 131

CUIDADO com as soluções malucas
para alcançar a qualidade de vida........................ 135

O que fazer quando o vazio persiste?....................... 139

Metodologia para se desenvolver
a qualidade de vida nas escolas............................ 143

Seja inclusivo 149

Ronaldo Pazini

Introdução

Como você quer estar quando completar 60 anos? Esta é uma pergunta que faço aos meus alunos de 20 e poucos anos e muitos respondem: "Quero estar bem." Completo: que tal bem saudável, bem-disposto e feliz? Escolha uma boa alimentação hoje, pratique exercícios físicos, tenha um trabalho que seja fonte de bem-estar. Esses fatores irão influenciar não só a sua longevidade, mas ajudarão você a entender que o tempo é o tesouro mais valioso que temos, e aproveitá-lo com saúde é o mais importante.

Dessa forma, esta obra tem como objetivo alertar as pessoas para a importância da aquisição de um estilo de vida mais saudável e a sua implicação na qualidade de vida atual e no envelhecimento. Falaremos sobre os conceitos de qualidade de vida de uma forma direta e compreensiva, desmistificando não só a saúde física, como o estado psicológico. Mas levaremos em conta o nível de independência das pessoas nas relações sociais em casa, na escola e no trabalho e falaremos sobre a necessidade de interação com o meio ambiente. Para tanto, vamos entender o que significa qualidade de vida de acordo com a Organização Mundial de Saúde (OMS).

Para a OMS, a definição de qualidade de vida é a "percepção que um indivíduo tem sobre a sua posição na vida, dentro do contexto dos sistemas de cultura e valores nos quais está inserido e em relação aos seus objetivos, expectativas, padrões e preocupações".

Trata-se de uma definição complexa que contempla a influência da saúde física e psicológica, o nível de independência, as relações sociais, as crenças pessoais e as suas relações com características inerentes ao respectivo meio na avaliação particular da qualidade de vida. Nesse sentido, podemos afirmar que a qualidade de vida é definida como a "satisfação do indivíduo no que diz respeito à sua vida diária".

Não seja vazio

O conceito de qualidade de vida está diretamente associado à autoestima e ao bem-estar pessoal e compreende vários aspectos, como a capacidade funcional, o nível socioeconômico, o estado emocional, a interação social, a atividade intelectual, o autocuidado, o suporte familiar, o estado de saúde, os valores culturais, éticos e religiosos, o estilo de vida, a satisfação com o emprego e/ou com atividades diárias e o ambiente em que se vive.

Em alguns momentos se confundiu qualidade de vida com padrão de vida. Muitas pessoas têm uma errada noção de qualidade de vida, confundindo os termos. Padrão de vida é uma medida que calcula a qualidade e a quantidade de bens e serviços disponíveis.

Hoje, mais do que nunca, notamos que há uma preocupação crescente com o homem, para que este tenha uma vida com qualidade.

Portanto, entender o contexto que o meio ambiente traz ao indivíduo é, sem dúvida, melhorar a sua qualidade de vida. Esta e meio ambiente são, por isso também, dois termos indissociáveis.

Quando falamos aqui em meio ambiente estamos nos referindo a tudo o que nos rodeia, logo, a nossa qualidade de vida está diretamente associada à qualidade do meio ambiente que rodeia as pessoas. Desse modo, a preservação do meio ambiente é um importante fator para aumentar a qualidade de vida.

Muitas cidades em nosso país possuem muito lixo, são extremamente poluídas e os espaços verdes cada vez mais escassos. Certamente, esses são fatores suscetíveis de causar doenças e, por outro lado, não produzem sentimentos de bem-estar nas pessoas. Um praticante de atividade física, por exemplo, quando opta por fazê-lo num espaço verde, une os benefícios do exercício físico com um local de ar puro, tornando a sua atividade muito mais prazerosa e saudável. Uma pessoa, quando realiza uma massagem e pode usufruir simultaneamente dos sons da natureza, consegue tirar ainda mais proveito do seu momento de relaxamento.

Entre vários outros fatores é preciso preservar e respeitar

Ronaldo Pazini

o meio ambiente para garantirmos qualidade de vida; para isso, devemos ter atitudes mais assertivas e protetoras, no sentido de tornar o local onde vivemos melhor, tanto para nós quanto para as próximas gerações. Por isso, não podemos falar de saúde desvinculada do meio ambiente, pois sempre que se melhorar o ambiente estaremos protegendo a saúde. A qualidade de vida é algo permanente e duradora e a melhor forma de adquiri-la é aumentando a percepção no presente. Por exemplo, quando você toma consciência que fumar faz mal à saúde e toma a decisão de não fumar. Você agiu em cima de um comportamento que julgou ser prejudicial a sua saúde. Ou o médico lhe disse: — Faça atividade física ou você vai enfartar! Nesses ou em outros casos, a decisão será sempre sua frente à tomada de decisão. É importante ressaltar que as consequências também serão proporcionais aos seus atos, assim fica a dica: você é o responsável por sua qualidade de vida e como já dizia mamãe: — Ninguém tira leite de pedra. Ou seja, nada vai mudar a não ser que você queira mudar.

Certa vez, indo para a faculdade de Educação Física que era no bairro da Liberdade/SP, percebi no metrô que uma mulher me olhava copiosamente, ela devia ter uns 45 anos e quando vagou um lugar ao meu lado ela se sentou. Percebi que continuava me olhando... De repente ela disse: — Você faz faculdade de Educação Física, certo? Eu disse: — Sim, estou indo para lá agora (estava com o uniforme completo, camisa, calça, etc. rsrs). Ela disse: — Sabe, estou querendo emagrecer, mas não sei por onde começar, você poderia me dizer? Bem, eu estava ainda no segundo ano do curso, mas não perderia essa oportunidade. Respondi com base no que estava aprendendo. Sei que ficou curioso(a) sobre minha resposta, mas a reflexão que trago neste momento é que representei para aquela senhora uma possibilidade de informação, conhecimento e mudança de vida. É claro que não pensei em tudo isso naquele momento, pois isso veio com a maturidade e a vivência na profissão. Muitas pessoas estão preocupadas e questionam-se sobre a melhor forma de ter uma boa qualidade de vida

Não seja vazio

no presente. Contudo, esta deve ser encarada, também, como um objetivo futuro e duradouro. A longevidade é cada vez maior, porém, por vezes, com uma qualidade de vida reduzida. Diversos tratamentos médicos permitem melhorar a condição de saúde, contudo, inúmeras vezes, o custo é muito alto e pode comprometer a qualidade de vida. Mediante a subjetividade do conceito de qualidade de vida, esta obra torna-se necessária para orientar as pessoas para um envelhecimento bem-sucedido, o que, para a maioria dos idosos, está relacionado ao bem-estar, à felicidade, à realização pessoal, enfim, à qualidade de vida e uma saúde plena. Hoje, tenho 15 anos dedicados à qualidade de vida dentro das empresas, desenvolvendo programas e mudando a vida das pessoas. Sei dizer com propriedade o que dá certo e o que não funciona. Ao longo dos capítulos, você vai entender e posso afirmar que, ao terminar de ler este livro, não será o mesmo. Terá aprendido que tudo o que precisa está e sempre esteve dentro de si! A sua coragem, sua personalidade, sua força de vontade e sua motivação são fundamentais para afetar a vida das pessoas ao seu redor!

Quero, com este livro, inspirar pessoas. Eu quero encontrar alguém na rua que me diga: por causa de você não desisti de viver!

Os alicerces da QV

Gostaria de deixar registrado neste livro a importância de mudar os hábitos negativos para se ter uma vida saudável. Os hábitos negativos são aqueles que não trazem benefícios a sua saúde. Se você conseguir identificar esses hábitos em seu dia a dia, encontrará o caminho para a sua qualidade de vida. Você é o responsável por seu bem-estar! Reflita sobre as questões que estão diretamente ligadas à sua qualidade de vida. De acordo com (NAHAS, BARROS e FRANCALACCI, 2001) está tudo interligado: a prática de atividade física, a disciplina na alimentação, a atenção aos relacionamentos, o controle do estresse e o comportamento preventivo em questões de saúde e segurança. Esses são pilares fundamentais que devem ser observados, sendo a atividade física, que engloba ações ligadas à pratica e às atividades que exercem sobrecarga ao sistema osteomuscular, ser ativo é se movimentar, queimar calorias e se exercitar diariamente ao menos 30 minutos 5 dias por semana. O aspecto social, onde precisamos cultivar bons relacionamentos e ter bons amigos, o aspecto espiritual, que nos remete a encontrar os significados para a vida, por exemplo: a família, o trabalho, o aprendizado, tudo que traz motivação à vida. E o aspecto emocional, que é saber lidar com os obstáculos e desafios da vida de maneira saudável e aliviar o estresse.

Apesar de ser um conceito difícil de explicar, a maioria das pessoas percebe intuitivamente o que é qualidade de vida. Ou seja, embora o significado de qualidade de vida não seja, por vezes, óbvio para algumas pessoas, a sua noção é clara para toda a gente. A maioria das pessoas relaciona a qualidade de vida com o "sentir-se bem".

Não seja vazio

Não é possível existir um conceito único e definitivo sobre qualidade de vida, mas se pode estabelecer elementos para pensar nessa noção enquanto fruto de indicadores ou esferas objetivas (sociais) e subjetivas, a partir da percepção que os sujeitos constroem em seu meio. (BARBOSA, 1998).

A mente é o que nos move!

Segundo Rees (2009), o indivíduo que sabe como sua mente funciona tem possibilidades de desenvolver suas potencialidades e confiança para atingir o sucesso. O estresse é, na atualidade, um grave problema com inquestionáveis implicações na qualidade de vida. Os problemas serão mais intensos dependendo do nível de estresse a que o indivíduo está sujeito. Recentemente, um estudo da Universidade de Pittsburgh destacou que a combinação de sedentarismo e estresse é mortal. Mais de 12 mil homens foram acompanhados por sete anos. Entre os pesquisados, 1.332 deles morreram – justamente os que enfrentaram três situações muito comuns de nosso cotidiano: estresse profissional, término de relacionamentos e inatividade física. Não precisamos ir longe para conhecer histórias de alguém próximo que passou por esses problemas e que não conseguiu suportar as pressões. A depressão foi considerada pela Organização Mundial da Saúde o "mal do século XXI ". É uma doença silenciosa, que acomete cerca de 322 milhões de pessoas em todo o mundo. Na América Latina, nosso país já é o primeiro em número de pessoas com esse transtorno, e o suicídio é a 2º causa de morte entre os jovens de 15 a 29 anos. Para buscar alternativas para combater esse mal, precisamos encontrar em nossa jornada gente simples e de alma pura, considerando que os problemas dos outros são dos outros, já que algumas pessoas estão prontas para descarregar todas suas angústias, mágoas e problemas em alguém. São pessoas que passam o tempo de forma solitária e não entendem que a vida é curta e que o tempo que temos é muito valioso para ser desperdiçado com sentimentos ruins.

Não seja vazio

Para não sofrer com a depressão procure mais amigos reais do que virtuais, troque experiências, compartilhe sonhos e esperanças. Comece a escrever sobre algo que goste, compartilhe, experimente viver algo novo, seja positivo nas redes sociais. Pratique atividade física — seu cérebro ficará mais ativo pela liberação de hormônios da "felicidade" e seu corpo mais forte e bonito, além de você ficar bem-humorado. O segredo é entender que a vida apresenta desafios para serem superados, e encontrar significados em cada conquista é uma forma de não sofrer de depressão.

Tivemos um aluno na faculdade que infelizmente foi vencido pela depressão. Em sala era um aluno assíduo e bom aluno. Lembro-me ao final das aulas perguntando sobre a matéria e conversando sobre a profissão. Foi uma surpresa para todos os docentes e discentes quando recebemos a notícia de sua morte por suicídio.

Investigando sobre o ocorrido, soube que João não era da cidade, tinha uma namorada com quem vivia há mais de quatro anos e trabalhava em uma empresa da região. Não tinha muitos amigos era um cidadão pacato e recatado. Esse relacionamento amoroso terminou, deixando-o muito magoado, e, devido à crise em que o país se encontra, perdeu seu emprego, o que o deixou bastante fragilizado emocionalmente. Esses fatores foram se agravando pelo fato de estar longe de seus familiares. João não suportou toda essa pressão, decidiu amarrar um cinto no pescoço e dar fim em sua vida.

Essa triste história me trouxe várias reflexões sobre o momento complicado em que esse rapaz passou e que a cada dia passamos. Comecei a escrever este livro e meus textos para buscar alternativas para ajudar os alunos que enfrentam situações como essas.

Após dois anos da morte de João, procurou-me um rapaz de nome Júnior e percebi que estava passando por problemas semelhantes. Pensei, DEUS deve estar me testando. Dessa vez, a história precisaria ter um final diferente. Consegui colocar na cabeça do Junior que nada é mais importante do que ele mesmo. E que nenhum sofrimento é eterno. Focamos em fazer combinados após descobrir coisas que ele gostava de fazer. A atividade física foi um ponto de equilíbrio e a corrida passou a fazer parte de sua rotina, outra ação foi fazer coisas que lhe traziam paz e ele começou a viajar mais e desenhar, talento que andava adormecido. Aproximar-se de pessoas boas e com propósito foi outra ação, assim como o foco nos estudos, ler mais e fazer parte de grupos de voluntariado.

Ele se formou em 2018 e no dia de sua formatura recebi uma mensagem dizendo: Pazini, grande mestre, senti sua falta na formatura, mas nem por isso podia deixar de homenageá-lo — obrigado por tudo, professor. Um bom professor deixa em cada um de seus alunos uma marca indestrutível, um pedacinho do seu eu e de sua sabedoria que não atrapalha e que, muitas vezes, não se consegue rastrear, mas que está lá, cresce e evolui com cada um deles. Esse bom professor é você e por isso mesmo me verá dando aula por aí. A gratidão é imensa por tudo o que fez por mim e por toda ajuda quando mais precisei. Esse diploma eu dedico muito a você; obrigado por tudo, professor. Você é meu espelho!

Ser rico hoje é ter saúde mental.

Tenha comportamentos saudáveis

Segundo Nahas (2006), o estilo de vida é o conjunto de ações cotidianas que reflete as atitudes e valores das pessoas. Esses hábitos e ações conscientes estão associados à percepção de qualidade de vida do indivíduo. Os componentes do estilo de vida podem mudar ao longo dos anos, mas isso só acontece se a pessoa conscientemente enxergar algum valor em algum comportamento que deva incluir ou excluir, além de perceber-se como capaz de realizar as mudanças pretendidas. A prática regular de atividades física promove benefícios para sua saúde. Na faculdade, os alunos sempre me perguntam. Qual exercício é melhor para a saúde? Minha resposta é sempre a mesma. Depende. O que sabemos é que existem exercícios que queimam mais calorias do que outros, pois exercem uma sobrecarga maior nos sistemas envolvidos durante a atividade. Sendo assim, se exercitar é o que importa! A dica é escolher algo que você goste de fazer, se não gostar de academia e achar um saco ficar "puxando ferro", como é chamada normalmente a prática da musculação, você não vai fazer, porque aquela atividade não lhe dá prazer e, com certeza, irá desistir bem antes de começar a colher os resultados. Resultados, estes que só virão com a frequência, com planejamento e assiduidade. Para você que se motivou, é importante lembrar que começar devagar é uma boa forma de sair do sedentarismo e ir se tornando gradativamente ATIVO. Pesquisas nos EUA mostram que a pessoa diminui em 66% as chances de infarto ao sair do sedentarismo e se tornar ativa fisicamente. Para isso, você tem que se exercitar ao menos cinco vezes por semana. Vamos começar agora? Que tal começar com uma caminhada? A caminhada é um

Não seja vazio

exercício muito fácil de fazer e que vai lhe trazer muitos benefícios. Cito aqui alguns deles: prevenção contra infarto e AVC, pois quando você caminha, melhora a pressão sanguínea, os vasos sanguíneos vão ficando mais fortes e com elasticidade, o que possibilita dilatarem quando houver alguma obstrução. A caminhada ajuda a regular o colesterol, impedindo acúmulo de gorduras nos órgãos e artérias, aumentando o bom colesterol. Com ela você vai emagrecer, pois seu corpo vai queimar mais calorias e vai precisar buscar em suas reservas o substrato energético para essa nova atividade. Para isso, será fundamental a prática da caminhada pelo menos em 30 minutos do seu dia. Lembre-se de que a mudança de comportamento passa por quatro estágios iniciais, que são:

1. Sensibilização: você estar aberto para mudanças que podem acontecer por meio de campanhas educativas, assistir a um programa de TV, ter acesso a algum material educativo como ler este livro, por exemplo, etc.;

2. Motivação: quando você quer fazer, pois percebe que isso faz bem para a sua vida;

3. Construção de habilidades: quando você aprende a fazer e se interessa pelo assunto, quer ir além, quer saber mais sobre o assunto e, por fim,

4. Oportunidade: quando consegue encontrar tempo, planeja-se para fazer algo e faz, organiza sua rotina com tempo livre para a realização de novas atividades, encontra um local adequado para realizar seus exercícios.

Qualidade de vida e saúde são termos indissociáveis. A qualidade de vida surge, de tal forma, associada à saúde que muitos autores não distinguem uma da outra. Para eles, saúde e qualidade de vida são a mesma coisa. De fato, a saúde não é o único fator que influencia a nossa qualidade de vida, contudo ela tem uma importância fundamental.

Ronaldo Pazini

Geralmente, saúde e qualidade de vida são dois temas muito relacionados, uma vez que a saúde contribui para melhorar a qualidade de vida dos indivíduos e esta é fundamental para que um indivíduo ou comunidade tenha saúde. Mas não significa apenas saúde física e mental, mas sim que essas pessoas estejam de bem não só com elas próprias, mas também com a vida, com as pessoas que as cercam, enfim, ter qualidade de vida é estar em harmonia com vários fatores. Nesse sentido, uma vida saudável tem um profundo impacto na qualidade de vida das pessoas e, para reforçar o compromisso com a saúde pública no Brasil, levamos em conta o impacto do sedentarismo e o número de sedentários que já supera os 60% da população brasileira e, em outros países, há níveis igualmente alarmantes. Como nos mostrou o estudo feito pela Universidade de Cambridge, no Reino Unido, que analisou 9,2 milhões de registros de morte na Europa. Destes, 337 mil eram relacionados à obesidade, enquanto que 676 mil poderiam estar ligados ao sedentarismo. A seguir, tenho o privilégio de compartilhar o texto do meu amigo Dr. Ivan de Oliveira Gonçalves, que retrata a importância do professor de Educação Física ser visto como um promotor da saúde.

O profissional de educação física como profissional de saúde

A prática regular de exercício físico é capaz de prevenir doenças, principalmente as que envolvem desdobramentos cardiometabólicos e osteoarticulares. Nos dias de hoje, ela é muito utilizada também como forma de tratamento de patologias que envolvam não somente componentes cardiovasculares e metabólicos, mas também osteomioarticulares. Em detrimento ao profissional de Educação Física enquanto profissional da área de Saúde, é importante destacar o grande papel de sua intervenção em centros de saúde pública primária, secundária e terciária. Embora existam centros de

Não seja vazio

saúde privados, o SUS garante atendimento gratuito à população como um todo. Nesses ambientes, uma das pessoas que compõem o quadro de profissionais da equipe interdisciplinar é o profissional de Educação Física. Este profissional tem como função usar a ferramenta exercício físico como terapêutica não medicamentosa na promoção, prevenção e reabilitação das comorbidades que assolam a população, visto que o sedentarismo se apresenta como o grande mal do século XXI, aumentando o risco para doenças cardiovasculares e morte prematura. Assim, cabe ao profissional de Educação Física, por meio do diagnóstico médico do paciente integrado à rede, avaliar, clinicar e prescrever um programa de exercícios físicos que possa contribuir para a evolução positiva do paciente, promovendo hábitos de vida saudável que irão contribuir a médio e longo prazo para a melhoria da qualidade de vida do mesmo. Como aspectos importantes a serem avaliados, temos, por exemplo, os valores da pressão arterial de hipertensos, a glicemia de diabéticos do tipo 2, a capacidade funcional e fragilidade de idosos, entre outros. É muito importante identificar quais aspectos inviabilizam a prática de exercícios físicos ou fazem com que ela não seja indicada. São esses fatores que qualificarão o profissional de Educação Física como protagonista da prescrição dos tipos e da estratificação de intensidade, volume, duração, descanso e execução dos exercícios.

Assim, a sua atuação se estende dentro da rede saúde em todas as faixas etárias, sendo da criança ao idoso, realizando a intervenção em todas as fisiopatologias em que o exercício físico é recomendado pelas diretrizes de saúde. Porém, é de extrema importância que o Profissional de Educação Física detenha conhecimento teórico para a elaboração de suas prescrições e, principalmente, abandone sua formação tecnicista, pois é de sua importância o desenvolvimento do olhar clínico nas adaptações do exercício físico quanto às comorbidades do paciente. A formação acadêmica do profissional de Educação Física ainda é muito deficitária a respeito da área de saúde, sendo, então, de suma importância a procura de especializações específicas para atuação do mesmo na área de saúde, tanto pública como privada ou até mesmo para a atuação no treinamento personalizado.

Ronaldo Pazini

"Educação Física" Uma grande ferramenta de saúde pública.

....

O texto anterior foi escrito pelo meu amigo – M.S. Ivan de Oliveira Gonçalves – professor de Educação Física: Cref. 021806-G/SP. Outro ponto importante e considerado fundamental para a saúde é a alimentação. No texto abaixo, a Nutricionista Brenda Luciano contribui para aumentar sua percepção sobre como ter uma nutrição consciente.

....

O segredo para uma vida saudável

Hoje em dia muito se fala sobre nutrição, sobre alimentação saudável, porém, paradoxalmente, o sobrepeso e a obesidade só aumentam em todo o mundo. Por que será? Talvez porque vivemos em uma sociedade muito acelerada, onde a industrialização e as inovações tecnológicas tomaram conta do nosso estilo de vida. Isso, de fato, nos proporciona muitas coisas boas e facilidades, em contrapartida, nos traz também os alimentos industrializados, principalmente os chamados ultraprocessados, pobres em nutrientes e com ingredientes que fazem mal à nossa saúde, tais como: gorduras hidrogenadas, açúcar refinado, sódio, conservantes e corantes, além do alto teor calórico.

Muitos são os fatores que levam ao ganho de peso, além do alto consumo dos alimentos ultraprocessados, as pessoas não comem apenas para nutrir o organismo e, sim, para nutrir emoções, para preencher vazios sentimentais e "recompensar" momentos de estresse e/ou um dia cansativo de trabalho. Diante desse contexto, surge a necessidade dos profissionais da nutrição identificarem quais são os motivos pelos quais cada pessoa não consegue melhorar a sua relação com o alimento, consequentemente piorando a saúde.

Identificados todos os pontos, de forma individualizada, são indicados os tratamentos e encaminhamentos para outros profissionais se necessários,

Não seja vazio

como aos psicólogos, por exemplo. Um dos tratamentos nutricionais, além da prescrição do cardápio, é o comer conscientemente ou *mindful eating*. Essa técnica tem origem oriental e se baseia no conceito do *mindfulness*, que é a atenção plena, ou seja, busca fazer as pessoas se concentrarem no momento presente para administrar melhor as sensações como o estresse e a ansiedade. No *mindful eating*, a atenção deve ser totalmente voltada ao ato de comer, saboreando os alimentos devagar, isso faz com que a pessoa consiga identificar a sensação de saciedade e se a causa da fome é fisiológica ou emocional.

Comer de forma consciente aumenta o prazer e a sensação de autoconhecimento, ajudando assim a reduzir os episódios de compulsão alimentar e sentimento de culpa. Diversas pesquisam já demonstraram que essa técnica ajudou muitas pessoas com transtornos alimentares a terem uma melhor relação com a alimentação, aprendendo a não encarar os alimentos como recompensas e, sim, como fontes de nutrientes e que as escolhas mais saudáveis, ou seja, alimentos mais naturais e minimamente processados, proporcionam maior bem-estar físico e mental.

Não se esqueça de que o segredo para uma vida saudável é saber lidar com o equilíbrio. Devemos ter uma rotina alimentar saudável, nos permitindo, de vez em quando, saborear alimentos não tão saudáveis, com moderação, é claro, para, assim, nutrirmos nossas relações sociais."

....

Texto de Brenda Luciano, especialista em Nutrição Esportiva e consultora na empresa QPZ Qualidade de Vida – CRN 41937. Contato: brendaluciano@outlook.com

Cuidado para não se sabotar, se supere.

Tenha equilíbrio emocional

Falaremos agora da importância em desenvolver o nosso aspecto emocional. Para ilustrar a relevância desse aspecto na melhoria da qualidade de vida, esclarecemos que o aspecto emocional tem a ver com o controle que temos sobre nosso intelecto, como a capacidade de superar os obstáculos da vida de maneira sadia e amistosa. Para iniciarmos essa reflexão, vamos voltar no tempo até 30/8/1992. Nesse dia, acontecia o GP da Bélgica de Fórmula 1. Durante a corrida, um acidente terrível aconteceu envolvendo o piloto francês Erik Comas, e esse acidente ilustra o que representa o controle emocional. Muitos irão se lembrar de que Ayrton Senna, ao passar pelo local e perceber que o carro estava ligado e vazava combustível, estando prestes a explodir, desceu correndo e desligou a ignição do carro do companheiro, evitando, assim, o risco de explosão e, consequentemente, a morte do piloto. Com esse fato, pergunto aos leitores: quem teria uma atitude assim? Pergunta difícil, não é mesmo? Depende de vários fatores, mas, se você pensou na situação, isso foi positivo e essa reflexão foi válida, pois exercitou todos os seus valores pessoais e condutas que passamos durante a nossa vida. Ao observarmos o comportamento de nosso herói naquela fração de minuto, veremos que ele não parou para pensar, pois este era o seu comportamento habitual, se preocupar com os outros, ser corajoso, ter empatia pelas pessoas, isso sempre fazia parte de sua personalidade e ele sabia o que realmente precisava ser feito! Assim é o controle emocional, a forma como lidamos com nossos problemas e saímos deles. Alguns vão logo desanimando, colocando a culpa em tudo e em todos, mas deixam de analisar que, na maioria das vezes, os culpados são eles próprios. Pois não pensam antes de

Não seja vazio

agir, já que compram por impulso e só depois vão ver que não precisavam daquilo... No convívio social, tratar bem as pessoas é fundamental e também demonstra o desenvolvimento emocional do indivíduo. Não conheço uma forma de se conquistar a confiança das pessoas a não ser demonstrar a importância que elas têm. Se quisermos mudar o mundo, que comecemos a mudar a nós mesmos - seja com os amigos, familiares, ou no trabalho, a mudança começa em cada um de nós!

> Se a capacidade de interagir socialmente é atestada pela habilidade de aliviar sentimentos dolorosos, controlar alguém no auge da ira, talvez seja a medida última da maestria. Os dados sobre autocontrole de raiva e contágio emocional sugerem que uma estratégia eficaz é distrair a pessoa furiosa, ter empatia com seus sentimentos e ponto de vista e, depois, tentar fazer com que encare os fatos de uma outra forma, de modo a sintonizá-la com uma gama de sentimentos mais positivos − é uma espécie de judô emocional. (GOLEMAN, 1995, p. 165).

Por isso, desenvolver o aspecto emocional não é fácil, pois pensar consome muita energia e nosso corpo faz de tudo para economizá-la. Isso explica porque muitas pessoas não demonstram ter opinião própria e preferem se basear nas ideias das outras do que gastar um tempo para refletir sobre seus próprios conceitos e atitudes. Pense antes de agir, avalie as possibilidades e você desenvolverá seu aspecto emocional.

No meu caso, desde pequeno tive que aprender a ser resiliente muito antes de saber o que significa essa palavra, já que minha primeira cirurgia foi com sete dias de vida. As mais de 14 que fiz até hoje foram de origem estética e corretivas, pois nasci

Ronaldo Pazini

com lábio leporino (uma má-formação da face com uma fenda no lábio e no palato). Durante minha infância, os piores momentos eram os do pós-operatório, em que você volta da cirurgia e permanece por um período se recuperando. Nesses episódios difíceis, o que me lembro é que, ao voltar do centro cirúrgico e abrir os olhos, a pessoa que sempre esteve ao meu lado foi minha mãe, dona Marli, pessoa a quem devo toda a minha gratidão por jamais desistir de mim e de nossa família. Sempre me fazendo acreditar que tudo daria certo. Minha mãe foi um grande exemplo para todos. E temos o maior orgulho de ter uma mãe que nos ensina com exemplos e atitudes a sermos pessoas melhores. Hoje, percebo que sempre me deu mais amor e carinho do que merecia e, acima de tudo, me colocou limites e me mostrou valores que levo para a minha vida. Sempre que posso, agradeço pelos dias em que esteve a meu lado nos momentos mais difíceis e, até hoje, por usar as palavras certas desde a minha infância, lutando por minha educação mesmo nas condições adversas. Hoje também percebo o quanto temos que ser fortes para educar um filho, alimentá-lo, ajudá-lo a superar as suas dificuldades, dar-lhe carinho e muita atenção e nisso ela sempre esteve comigo e com minhas irmãs. Só tenho que agradecer a DEUS por ter uma mamãe tão incrível. Aos sete anos, após passar por uma rinosseptoplastia, estava em casa comemorando meu aniversário e, ao me virar, bati com o rosto na parede. Após todo o desespero pelo rompimento dos pontos internos, o objetivo da cirurgia foi perdido e haveria a necessidade de uma nova cirurgia de emergência. Não tínhamos convênio médico, ainda não conhecíamos o Centrinho-USP e a necessidade naquele momento fez minha família vender o carro para pagar a nova cirurgia. Acredito que situações como essas foram me forjando ao longo da vida. Minha próxima cirurgia foi no Centrinho, local de referência no Brasil e no mundo para tratamento de crianças com lábio leporino, devo muito aos médicos, enfermeiras, psicólogos, dentistas, equipe de limpeza e todos que trabalham

Não seja vazio

nesse hospital, pois contribuíram muito com o meu desenvolvimento. Aos 12 anos, estava jogando no time da Associação Portuguesa de Desportos em São Paulo, entrei após uma grande seletiva (peneira) promovida pelo clube. Tive uma outra cirurgia e essa me afastou por seis meses dos gramados. Ficar triste, fiquei, desistir jamais, pois aprendi que tudo que passamos é para aprender algo de bom. Anos se passaram e me tornei professor de Educação Física e pedagogo. Tenho a certeza de que esta obra contribuirá para motivar as pessoas a conquistarem seus objetivos, vivendo de forma plena, elas devem agarrar esta oportunidade para melhorar a cada dia. Todos nós precisamos.

Com a vida não podemos negociar, ela é uma só! Por isso, só temos uma chance para ser feliz, só uma chance para viver um sonho, uma chance para fazer a diferença na vida dos demais.

> Não brigue, não discuta por bobeiras, não deseje o mal nem tire satisfações precipitadas, apenas se afaste. A vida sempre segue.

Seja uma pessoa do bem

O aspecto social que nos remete à interdependência com as outras pessoas. Trazemos para essa reflexão a importância dos relacionamentos e de estar feliz dentro do convívio social. Caro leitor, você já deve ter lido que o valor de uma amizade não está no tempo que ela dura ou na forma como acontece, mas, sim, na intensidade de como é vivida. Pergunto-lhe: quantos amigos você tem nas redes sociais? Agora, quantos tem de verdade, aqueles com os quais pode contar a qualquer momento, inclusive se estiver em uma cama de hospital? Com certeza parou para pensar nisso, porém as nossas amizades dependem muito mais das afinidades que temos com as pessoas e do tempo que investimos nelas. Por isso, se existe alguém que você acha importante em sua vida, invista nessa relação. Dê um passo à frente. Mande uma mensagem, telefone, ou seja, mostre que essa pessoa é importante para você. Sabemos que a melhor forma de ser lembrado é deixando nas pessoas afeto e respeito, afinal, quando passarmos desta para melhor, a única coisa que deixaremos serão as lembranças de momentos que foram compartilhados. Assim, aqueles que você elencou como amigos não estarão do seu lado apenas nos momentos felizes, mas, também, quando mais precisar, seja para uma conversa mais informal ou quando precise desabafar, terá palavras de apoio e sinceras. Já parou para pensar quantas pessoas já cruzaram o seu caminho? Na escola, na rua do bairro, no condomínio, mas apenas algumas vão permanecer em sua vida. Muitos se tornarão colegas, mas amigos de verdade serão poucos, para esses, dedique-se mais. O tempo e a distância podem separar as pessoas, mas jamais serão suficientes para afastar os momentos de recordação, por isso viva intensamente as coi-

Não seja vazio

sas simples e os pequenos momentos, mesmo que seja uma única vez, afinal não se sabe o roteiro do destino. Procure tratar bem as pessoas, seja autêntico, mostre sua essência e não se preocupe em agradar, mas siga seus valores e respeite as opiniões dos outros, porque não somos uma ilha, dependemos a todo o momento do relacionamento com as outras pessoas. Desenvolva seu aspecto social e melhore a sua qualidade de vida.

> Os hábeis em inteligência social ligam-se facilmente com as pessoas, são exímios na interpretação de suas reações e sentimentos, conduzem e organizam e controlam as disputas que eclodem em qualquer atividade humana. São os líderes naturais, pessoas que expressam o tácito sentimento coletivo e o articulam de modo a orientar o grupo para suas metas. São aquelas pessoas com as quais os outros gostam de estar porque são emocionalmente animadoras — fazem com que as pessoas se sintam bem e despertam o comentário: "Que prazer estar com uma pessoa assim".
> (GOLEMAN, 1995, p. 158-159).

Em 2007, tive o privilégio de ir trabalhar na cidade Jundiaí/SP, onde conheci pessoas incríveis que me acompanham até hoje. Fui morar na rua Vasco de Campos no bairro Vila Marlene, onde corria algumas vezes pela manhã antes de ir ao trabalho. Sempre passava em frente ao GRAACC (Grupo de Apoio ao Adolescente e à Criança com Câncer) que ficava no bairro vizinho, no bairro Parque da Represa, lá, por ter ruas planas e pouco movimento de veículos, era um bom percurso. Pensava em conhecer melhor o trabalho daquele hospital, sempre que passava por volta das 7h00 à porta principal ainda estava fechada. Certo dia, ainda suado do treino, vi a porta

Ronaldo Pazini

aberta e entrei, parei ali na recepção e perguntei a uma moça com jaleco branco: — Soube de um trabalho voluntário que o hospital promove, gostaria de ser voluntário. A atendente então disse: — Olha, a psicóloga estará aqui na unidade no sábado às 8h00 e você pode vir conversar com ela, posso avisar que o senhor virá. Então a agradeci e fui embora.

No sábado, às 7h50, estava lá na recepção para conversar com a psicóloga que chegou por volta das 8h05, passou por mim, se apresentou e pediu para que aguardasse, pois teriam um evento no hospital e que o dia seria corrido. Fiquei ali aguardando e às 9h00 fui chamado em sua sala. Começamos a conversar e ela me disse para me apresentar, algo comum em entrevistas. Iniciei dizendo sobre minha formação acadêmica, a experiência na gestão de equipes, sobre dar aula e, de repente, ela me interrompeu dizendo: — Vem comigo. Ela me levou a uma pequena sala que ficava ao lado do refeitório. Lá havia umas cinco caixas de mexerica "daquelas ponkan" e, sem mais delongas, ela disse: — Ronaldo, aguarde aqui e, por favor, descasque essas mexericas e as coloque nessas cestas, estamos com um evento grande hoje e daqui a pouco volto para a gente terminar a conversa. Fiquei ali meio sem jeito, mas comecei o trabalho. Assim que enchia a cesta, uma funcionária vinha retirar, percebi o tempo passando e pensei que ela havia me esquecido lá na sala, pensei em levantar e ir embora, mas nunca fui de deixar uma tarefa para trás. Assim, passaram-se trinta minutos, uma hora e nada de me chamar, uma hora e trinta minutos depois tive a certeza de que ela havia me esquecido. Quando estava me preparando para ir embora, ela apareceu. Desculpou-se pelo tempo ali e que poderíamos continuar outro dia, já que sua cabeça estava no evento acontecendo. Disse tudo bem e que voltaria outro dia, que poderia ser mais útil podendo participar da organização de eventos, ou em fazer palestra para os pais, trazer estagiários para brincar com as crianças entre outras coisas. Percebi que ela me olhou um pouco desconfiada e me disse: — Ronaldo, pode me acompanhar ao

Não seja vazio

refeitório. Pensei "puxa, ela vai me convidar para almoçar!", pois o cheiro estava muito gostoso, aquele cheiro de comida fresquinha... Quando entrei no refeitório, tive uma grande surpresa. Todas as mexericas que eu havia descascado estavam ali em cima das bandejas, aguardando que a comida fosse colocada no prato. E, então, ela me disse: — Hoje você nos ajudou muito! Muitas das crianças internadas aqui estão passando pelo tratamento de quimioterapia, o que compromete bastante sua condição física. Várias delas perdem os cabelos e, também, as unhas, o que dificultaria para que comessem a sobremesa. Hoje você nos ajudou muito. Espero que volte outro dia. Eu, ainda sem reação, mas com lágrimas nos olhos, disse que voltaria e a agradeci pela oportunidade. Saí dali e no caminho para casa fui pensando. Como as pequenas coisas, os pequenos gestos podem contribuir para a vida das pessoas, o simples fato de você querer ajudar já representa muito e faz a diferença. Mesmo que não tenha condições de ajudar muitas pessoas, ajude! Naquele dia, me senti uma pessoa melhor, um ser humano capaz. Eu que fui ajudado, passei a valorizar mais as pessoas que amo e estão ao meu redor. Cheguei a voltar no hospital e atuei no bazar que fazia a venda de roupas, bolsas e sapatos. Jamais esqueci daquela lição. Deus nos mostra nos detalhes o real sentido de nossas vidas e ter fé é saber que Ele está em todos os lugares e sabe de todas as coisas, nos guiando a sermos pessoas melhores.

> Nunca se esqueça das pessoas que o ajudam em tempos difíceis, das pessoas que o deixam em tempos difíceis e das que o colocam em tempos difíceis.

O valor de uma amizade

Acredito que existem pessoas que são especiais, pois fazem as coisas de forma diferente e acreditam, acima de tudo, naquilo que fazem. Vou contar uma breve história de uma pessoa assim. Lembro-me em certo dia quando almoçávamos juntos e de repente você, Ronaldo, se levantou da mesa e correu para fora do restaurante e eu sem entender nada o aguardei apreensivo. Quando voltou meio eufórico, perguntei o que havia acontecido, e você me respondeu: — Vi uma senhora empurrando uma cadeira de rodas com uma garota e fui ver qual era a deficiência dela, vai saber se não pode ser atleta da bocha? Ainda sem entender muito sobre esse esporte, tive uma aula ali no almoço e pude perceber o quanto era importante dar oportunidade às pessoas com deficiência.

Voltamos ao trabalho e dia a dia, fui conhecendo um pouco mais sobre os esportes paralímpicos e vendo seu amor com o trabalho para este público. Era final de 2004, o investimento era pouco e juntos participamos de eventos para arrecadar dinheiro para pagar taxas de arbitragens para ver os atletas em ação. O investimento era muito escasso quando, em meados de 2005, surgiu a ideia do projeto Suzano Paralímpico, totalmente idealizado por você que, após muita luta, conseguiu apoio da Komatsu (uma grande empresa da cidade de Suzano) para o projeto. Com o apoio, algumas modalidades foram iniciadas e melhores condições foram surgindo. O momento ainda era incerto no país (algo parecido com os dias de hoje), mas por sua força e coragem conseguiu mostrar que valia a pena investir no esporte para deficientes. Assim, vi surgir na unidade do SESI – Suzano o trabalho mais sensacional que tive a honra de fazer parte, durante dez anos de minha vida.

Não seja vazio

Com apoio e condições jamais vistas para o desenvolvimento de várias modalidades, o SESI – SP se tornou destaque na bocha, no voleibol sentado, no atletismo e no futebol para pessoas com paralisia cerebral. Em 2013, veio a metodologia SESI – SP para o paradesporto. Algo surreal que para sempre ficará registrado. Cada momento que passei ao lado dessas pessoas especiais foi único e ficará para sempre em minha lembrança. Devo muito a você e a essas pessoas pelo que sou hoje e pelo que vou passar adiante, afinal o que deixamos nessa vida é somente o que representamos para outras pessoas. E você, meu amigo, representa muito para mim, sei que nada é por acaso, e aquela pessoa que o procurou no almoço trouxe a primeira medalha de ouro no Rio 2016. Essa medalha da Evelyn vem de sua simplicidade, honestidade, caráter e, acima de tudo, de seu legado. Somente após não nos vermos todos os dias que percebi a essência da amizade, do companheirismo e da cumplicidade. Tenho certeza de que outras medalhas ainda virão deste trabalho, mas não poderia deixar de registrar a alegria que estou sentindo ao reconhecer que tudo valeu a pena! Amigos de verdade valem mais do que ouro.

Sr. Ronaldo Gonçalves de Oliveira.

Saiba que investir em sua qualidade de vida tem a ver com as pessoas que você mantém por perto.

Encontre significados para a sua vida

Antes de qualquer coisa, explico que esse aspecto tem a ver com os significados que encontramos em nossa vida. De acordo com Warren (2005), conhecer o propósito de sua vida faz que ela tenha sentido. Fomos feitos para ser importantes. Quando a vida faz sentido, você pode suportar quase tudo; sem isso, tudo é insuportável. Para você que está lendo lhe pergunto: você consegue guardar cinco minutos do seu dia para pensar em sua vida? O aspecto espiritual é desenvolvido a partir de reflexões que fazemos sobre os caminhos que estamos seguindo em nossa vida. Se a resposta foi sim, parabéns, está no caminho certo; exercícios de relaxamento, concentração são fundamentais, técnicas de respiração, meditação e o YOGA, por exemplo, auxiliam na busca de significados para a vida. Nesse momento, pense em alguns significados que você tenha na vida. Todos nós precisamos desses significados, em que se destacam a família, os amigos, o trabalho, a educação, a saúde e o contato com a natureza. Imagine uma pessoa no ponto de ônibus e, ao passar o coletivo, ela fica imóvel, passa o segundo, e continua parada, pois não sabe ler. Esse indivíduo começa a estudar, aprende a ler e, quando passa o ônibus, sabe para onde ir. Assim, o estudo trouxe significado para sua vida. O trabalho precisa ter significado em nossa vida, pois, por meio dele, encontramos diversas possibilidades, entre elas a de honrar compromissos financeiros. Porém, destaco aqui a importância de encontrar um trabalho que seja fonte também de felicidade e desenvolvimento pessoal, pois, como estamos vendo, o aspecto espiritual está relacionado a estar feliz com o que possui, cuidar

Não seja vazio

da saúde, percebendo que a felicidade está nos pequenos momentos, refletindo e valorizando as pessoas com muito amor e carinho, estas que, mesmo nos momentos difíceis, ficaram ao seu lado. Desenvolva seu aspecto espiritual, planeje para conquistar sabendo que nada vem fácil, possua metas, objetivos individuais e coletivos. Enfim, como disse Gandhi "Quando a alma está feliz, a prosperidade cresce, a saúde melhora, as amizades aumentam, o mundo fica de bem com você! O mundo exterior reflete o universo interior".

Assim, cada vez mais o conceito de qualidade de vida tem uma importância crescente no domínio da saúde mental e dos cuidados de saúde, aumentando a sua importância no discurso e prática médica.

Não é por acaso que a definição dada pela OMS para saúde é ampla. Ela a define como "o estado de completo bem-estar físico e mental". Muitas vezes, algumas pessoas, ao pensarem em saúde e qualidade de vida, deixam de lado a saúde mental.

Contudo, a saúde mental possui, hoje, uma enorme importância. Assistimos ao aumento dos casos de estresse crônico e da Síndrome de *Burnout*, ansiedade e depressão, para além de tantos outros problemas psicológicos e emocionais.

A saúde mental já é hoje o segundo fator de afastamento do trabalho, ficando ainda atrás dos problemas osteomusculares. Uma pessoa com a saúde mental debilitada, deprimida e frágil, tem grande dificuldade em manter relacionamentos amorosos, desempenhar as funções no trabalho e, até mesmo, educar os filhos. Alguém com problemas emocionais pode influenciar todos os membros da família de forma negativa. Está predisposto a desenvolver a dependência de drogas e do álcool, a contrair doenças infecciosas, desenvolver alergias e doenças autoimunes. Dessa forma, cuidar da saúde mental é muito mais importante do que parece; procure manter boas relações com as pessoas próximas, tenha um *hobby* ou faça algo para aliviar as tensões, procure ter uma vida

Ronaldo Pazini

amorosa satisfatória, sempre pratique o perdão, não exceda os limites de exigências consigo mesmo, ria sempre que puder, chore quando precisar e ame sempre que tiver vontade. Nos países de primeiro mundo, a busca por apoio psicológico é normal, no Brasil, por uma questão cultural, ainda existe um certo preconceito. Não tenha vergonha de procurar apoio de um psicólogo, pois ele é o profissional capaz de equilibrar a mente com o cotidiano estressante em que vivemos.

> A educação – permanente, que amplie e abra continuamente as perspectivas – é uma renovação mental vital. Muitas vezes ela inclui a disciplina externa da sala de aula ou dos programas de estudos sistemáticos, mas normalmente não para aí. As pessoas proativas podem encontrar muitas maneiras de aprimorar sua educação. (COVEY, 2011, p. 195).

Com gratidão, tudo o que se possui é o suficiente.

Empoderamento da alma

Recente matéria publicada no site O Globo revelou o quanto a fé é importante nos tratamentos médicos. O texto traz um estudo realizado pela universidade de Columbia, nos EUA, que ressalta o poder da espiritualidade junto aos avanços médicos e hospitalares. A espiritualidade pode ser traduzida em acreditar em algo e usar esta fé em prol do tratamento. "Quando a mente está tranquila, equilibrada, o corpo reage melhor, pois o córtex cerebral se fortalece". Assim, ao encontrar alguém em tratamento, desenvolva sua empatia, se coloque no lugar do outro imaginando o que está sentindo, mude o seu ponto de vista reconhecendo suas imperfeições, pois essa é uma forma de saber que precisamos uns dos outros. Transmitir energias positivas em forma de pensamentos e orações abre novos caminhos e aumenta as possibilidades de cura. Quando reconhecemos que alguém nos prestou um auxílio e retribuímos ajudando outras pessoas, é uma forma de gratidão. Ser saudável espiritualmente é um caminho que se traça diariamente nas mais pequenas ações. Escolha por uma vida plena e se surpreenda com as diferenças que alguns gestos podem fazer. Não se limite apenas ao espelho, pois aquilo que vemos é apenas uma imagem do nosso corpo. A felicidade em ajudar outras pessoas é uma parte importante da saúde da alma e não deve ser esquecida. Para Seligman (2010) a "Educação Positiva: é o ensino do bem-estar da juventude", em que o autor afirma que o tema emoções positivas deve ser abordado com os alunos na escola, a fim de evitar futuros problemas psicológicos e fortalecer a vidas das pessoas. O programa Resiliência é destaque na Universidade da Pensilvânia (EUA), pois reduz e

Não seja vazio

previne sintomas depressivos, desesperança e ansiedade e melhora os comportamentos relacionados à saúde. O autor sugere que o produto interno bruto (PIB) não seja quantificado pelos bens e serviços que as pessoas possuem, mas pela produção de bem-estar. Assim, precisamos praticar mais a gratidão, ter mais empatia e jamais perder a nossa fé, pois, dessa forma, estaremos inspirando outras pessoas em uma grande corrente para se fazer o bem. Segundo Goleman (2001), a inteligência emocional (IE) é "a capacidade de identificar nossos próprios sentimentos e os dos outros, de motivar a nós mesmos e de gerenciar bem as emoções dentro de nós e em nossos relacionamentos".

Não existe sensação melhor do que saber que alguém se importa com você!

Quando conheci o Leonardo Braits, no segundo semestre de 2013, ele era um garoto de 22 anos muito "vivo" — uso esse termo para aqueles que têm um brilho no olhar, pessoas que são diferentes, fazem as coisas de forma natural e estão sempre com um sorriso no rosto. Via naquele garoto um professor de sucesso por identificar uma questão que acho fundamental o "carisma". Léo, um garoto de origem simples trabalhador e muito família. Conversamos algumas vezes e a imagem que fiquei dele era atravessando a fita de *slackline* fazendo piruetas e acrobacias impensáveis.

O semestre acabou e não tive mais o contato direto com ele, encontrava com outros alunos de sua sala e percebi que ele não estava vindo à faculdade. Até que, certo dia, um aluno me encontrou e disse que o Léo havia trancado a matrícula no curso. Chamei-o pelo Facebook e ele me disse estar resolvendo alguns problemas pessoais e que, em breve, voltaria. Fiquei mais tranquilo e lhe disse que teria um futuro brilhante na área e que sentia isso em meu coração.

Ronaldo Pazini

Aguardei ele retornar, porém isso não aconteceu até hoje. Os problemas pessoais a que ele se referia eram pela perda de sua avó materna, pessoa que cuidou dele em toda sua infância e adolescência. Certo dia, Léo acordou sentindo uma forte tontura e não conseguiu se levantar da cama. Quando melhorou, foi levado ao médico e começou a tomar remédios para labirintite. Os sintomas começaram por dores de cabeça e um médico disse que ele estaria com depressão. Começaram o tratamento com antidepressivos e não houve melhora, pelo contrário, Léo só piorou; suspeitaram de esclerose, mas até o presente momento não teve um diagnóstico fechado, e o que se sabe é que sofre de uma doença que inflama seu cérebro e limita todas as suas funções motoras. Indo e vindo de hospitais, a doença debilita ainda mais a sua vida. Os amigos do Léo organizaram algumas ações para ajudar a sua mãe com obras pela casa. Foi feita a construção de uma rampa de acesso, adaptações nas portas para a passagem da cadeira de rodas. Recentemente fui visitá-lo e fiquei muito feliz quando me reconheceu, busquei forças, mas não tive como não me emocionar ao vê-lo sem a autonomia que há poucos anos demonstrava. Conversamos muito naquela tarde, ele entendia tudo perfeitamente, porém não conseguia falar, estava usando fraldas e se irritou ao ver meu filhinho fechar a janela da sala onde estávamos. Irritação compreensível devido à quantidade de remédios à base de cortisol que estava tomando. Pedi a ele muita paciência, muita fé e que não iríamos esquecer dele. Conversei com dona Rosa, sua mãe (uma verdadeira guerreira), que deixou o trabalho e vive em função de ajudar o Léo, e combinamos que faríamos eventos para arrecadar fundos para os remédios, fraldas e a fisioterapia e que estava à disposição para levar o Léo no hospital das Clínicas em São Paulo, pois na região os médicos não conseguiram fechar o que realmente ele tem. Tive a oportunidade de levá-lo na clínica CEFIR em Mogi das Cruzes e acompanhar um pouco de seu tratamento.

Não seja vazio

Léo continua lutando contra essa doença desconhecida e nos traz à luz a reflexão sobre como é importante aproveitar cada segundo da melhor da forma possível, pois o dia de amanhã é um desconhecido e nas horas mais difíceis sempre precisaremos do apoio daqueles que nos amam de verdade.

Aprenda a valorizar as pessoas importantes,
ou um dia olhará para o lado
e poderá estar sozinho.

Seja o dono de seu destino

Você já deixou para amanhã o que poderia ter feito hoje? Se a resposta foi sim, fique tranquilo, todo ser humano já fez isso, ao menos uma vez na vida! Transferir para outro dia ou deixar para depois é o ato de procrastinar. O brasileiro infelizmente tem o rótulo de deixar tudo para a última hora, não é mesmo? Hoje lhe faço um convite para mudar essa realidade caso se identifique com o que vou dizer. Sabe aquela prova importante para a qual demorou em estudar e aí na hora não sabia nada? Ou, alguma vez você já se sentiu culpado em não fazer ou iniciar atividades físicas? Entre outros exemplos, sempre que fazemos isso sentimos uma espécie de "culpa" e somos cobrados por nós mesmos! Ficamos nos perguntando o motivo de não fazermos aquilo que precisamos fazer, ou que nos propusemos a fazer. Às vezes, precisamos de um empurrão. Quando ouvimos do médico que estamos prestes a desenvolver pressão alta ou uma diabetes, só assim, nos motivamos a nos exercitar. Quero que você seja dono de seu destino e não chegue a esse ponto. Não deixe para depois, comece a se exercitar hoje. Para Robbins (2012), se queremos o nível mais profundo de realização na vida, só podemos alcançá-lo de um modo, decidindo o que mais prezamos nela, quais são nossos valores superiores, e depois nos empenhando em viver por eles, todos os dias. Infelizmente, com uma frequência excessiva, as pessoas não têm uma noção definida do que é importante para elas.

Segunda-feira, seis da manhã. Triiiiii-

Não seja vazio

mmmm, triiiiiimmmm... O despertador do seu celular toca e você não quer sair da cama. E isso pode indicar dois estados de ânimo. Você gostaria de dormir mais um pouquinho. O que é sinal de cansaço. Provavelmente o final de semana foi movimentado, com festas, atividade física, viagem, e você precisaria de mais algumas horas até o corpo se recuperar de um esforço intenso. Se a vontade, no entanto, é de não sair da cama, isso é sinal de estresse. Você não enxerga mais razão para fazer o que faz. Há uma diferença marcante entre esses dois estados: cansaço você resolve descansando, estresse você só consegue evitar se compreender o motivo para fazer o que está fazendo. (CORTELLA, 2016, p. 6).em

Nunca desista da pessoa em que você está se tornando, pode demorar, mas isso será glorioso.

Você está no trabalho certo?

O livro *Temas avançados em qualidade de vida*, recém-lançado pelos autores Andrade, Timernan, Melo e Lotufo (2018), destaca na página 67 que os "programas de qualidade de vida nas empresas podem ter impacto positivo sobre a saúde e a produtividade dos trabalhadores". Assim, percebemos que muitas empresas revelam a preocupação com o ambiente de trabalho. Funcionário saudável, empresa mais produtiva vem ganhando espaço no cenário nacional. Como sabemos, é no trabalho que passamos grande parte de nosso tempo. Muitas vezes, estamos mais horas em contato com os colegas de trabalho do que até com a nossa própria família. Por esses motivos, sentir-se bem no trabalho passou a ser visto como fundamental. A qualidade de vida do trabalhador, geralmente, é observada levando-se em conta não somente o momento de trabalho, mas, também, a relação com vários outros aspectos, como a satisfação pessoal, o relacionamento familiar, as oportunidades de lazer, entre outros.

No atual contexto econômico e social é enaltecida a relevância que o emprego representa na vida das pessoas, bem como quanto um bom ambiente organizacional pode ser útil na gestão das pessoas e na melhoria da produtividade. Você está no trabalho certo?

> [...] ele pode ser um recurso importante e útil para a pessoa fazer frente às diferentes situações de vida que ela enfrenta em seu quotidiano. A resposta do *stress* surge, ou melhor, é ativada pelo organismo, com o objetivo de

Não seja vazio

mobilizar recursos que possibilitam à pessoa enfrentar situações — as mais variadas — que são percebidas como difíceis e que exigem delas esforço. Sem dúvida, esta capacidade tem sido de fundamental importância para a espécie humana, ajudando-a a sobreviver e a desenvolver alternativas de como enfrentar as múltiplas situações de ameaça — concreta ou simbólica — que pode encontrar em sua existência. (LIMONGI; RODRIGUES, 1997, p. 19).

Torna-se claro que não se pode dissociar o lado humano do profissional, uma vez que o homem é provido de competências e capacidades individuais que podem ser alteradas em virtude das condições do meio em que está inserido. Assim, um funcionário descontente sempre encontrará uma forma de se ausentar do trabalho.

Para Limongi e Rodrigues (2004, p.41), os programas de qualidade de vida no trabalho são exigências dos tempos. Expressam um compromisso com os avanços da ciência da civilização, da cidadania. Por isso, devemos pensar em um ambiente corporativo que seja útil e favorável ao indivíduo e à saúde econômica da empresa. Algumas iniciativas já estão dando resultados — horários flexíveis, salas de qualidade de vida, trabalho *home office*, melhora na tecnologia, análise ergonômica, ginástica laboral, campanhas de combate ao estresse, confraternizações, estímulos aos bons relacionamentos e reconhecimento por resultados são algumas iniciativas que contribuem para melhorar a qualidade de vida no trabalho.

Ninguém vai invejar seu sacrifício, ou seu sofrimento, mas invejará suas conquistas e vitórias.

Ronaldo Pazini

A atitude dos trabalhadores, de uma forma individual, também possui um forte impacto na qualidade de vida no ambiente de trabalho. A seguir, algumas dicas para melhorá-la:

- Tenha foco – Um profissional focado e comprometido com seu trabalho sofre menos interferências negativas do ambiente;

- Afaste-se das "fofocas" – Conversas fúteis sobre a vida dos colegas e superiores só alimentam um ambiente hostil. Afaste-se delas e procure eliminar essa conduta do seu dia a dia;

- Faça fofoca reversa – Fale bem das pessoas, toda vez que vierem falar mal de alguém não alimente a fofoca e, pelo contrário, fale algo positivo das pessoas. Essa prática vai contribuir para a melhoria do ambiente de trabalho e sua equipe vai assumir esse compromisso;

- Aprenda a trabalhar em equipe – O trabalho em equipe é uma das principais habilidades exigidas pelas empresas. Colabore com seus colegas e aprenda com eles também;

- Cumpra prazos e horários – Cumprir as suas tarefas com qualidade e dentro dos prazos evita estresse desnecessário e melhora o seu desempenho, evitando que venha a ser questionado sobre o mesmo;

- Cultive bons relacionamentos – Mantenha boas relações interpessoais com seus colegas e superiores. Isso torna o ambiente melhor e mais saudável.

As alterações do estilo de vida, do mercado de trabalho e dos tempos livres são fatores que têm um forte impacto na saúde das pessoas. O trabalho e os tempos livres deveriam ser uma fonte de saúde para as populações. A maneira como a sociedade organiza o trabalho deveria ajudar a criar uma sociedade saudável. A promoção da saúde gera condições de vida e de trabalho

Não seja vazio

seguras, estimulantes, satisfatórias e agradáveis, melhorando a qualidade de vida no trabalho e nas empresas. Infelizmente, todos sabemos que nem sempre é assim. As mudanças, a que a sociedade tem estado sujeita, passaram a exigir do indivíduo uma grande capacidade de adaptação física, mental e social. Competitividade, pressão para obter resultados, acumulação de informações e tarefas decorrentes de um mundo cada vez mais globalizado, falta de tempo para o lazer, entre outros fatores, pautam o mundo moderno e acarretam, inevitavelmente, consequências.

> Desde a Revolução Industrial, o mundo do trabalho ficou extremamente marcado pela máquina, reforçando inclusive a noção do trabalho alienado. O automatismo, esse modo automático de ação, em grande medida, tem como consequência a alienação da execução. Uma pessoa alienada é alheia a algo. A intencionalidade não está naquilo que faz, ela não tem consciência direta do que produz, está fazendo algo automaticamente. (CORTELLA, 2016, p. 13)

Valorize as pessoas que ficam do seu lado nas tempestades, porque em dias de sol a praia fica sempre lotada

Dessa forma, pense em sua saúde mental, pois ela irá conduzi-lo na sua rotina diária, afetando sua capacidade para trabalhar e, por consequência, sua qualidade de vida no trabalho, além de seu desempenho em família e social. Por isso, inclua atividades de lazer em sua jornada. Eu gosto de jogar futebol com os amigos três vezes por semana. Isso, comprovadamente, diminui a possibilidade de uma doença mental. O que você gosta de fazer? Faça! Que tal fazer ginástica com as amigas, vá ao *shopping* passear, enfim, faça algo que lhe dê prazer e evite o risco de adoecer mentalmente. Sabemos que o trabalho é uma das principais causas de estresse na atualidade. O estresse, por sua vez, exerce uma influência direta no desempenho profissional e na produtividade. O estresse crônico tende a desencadear problemas psicossociais intensos. Por esses motivos é que o estresse e a qualidade de vida no trabalho são conceitos tão presentes no quotidiano dos trabalhadores. Conheça alguns sintomas que podem desencadear uma doença mental.

O mundo do trabalho tem manifestado a existência de uma cultura de sacrifício da saúde em prol do sucesso profissional. A competitividade entre empresas e a globalização da economia pioraram a situação, levando à constatação de que o ambiente profissional, em geral, parece ser desfavorável à mudança de atitude e comportamentos relacionados com a saúde. (OGATA, 2012).

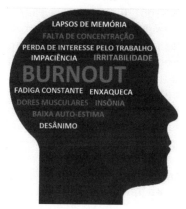

Fonte: Instituto de Psicologia e Controle do Stress (IPCS).

Não seja vazio

Pelos motivos apresentados, as empresas estão cada vez mais dando importância para a qualidade de vida no trabalho e sua relação com a produtividade. Por isso, tendem a implementar programas de qualidade de vida, que visam melhorar as condições dos trabalhadores. Esses programas consistem em ações levadas a cabo pela empresa, que passam pela implantação de melhorias e inovações tanto a nível de gestão como alterações de índole tecnológica ou outras no ambiente de trabalho. Por exemplo, melhorando a ergonomia, as condições climáticas, estimulando um bom relacionamento interpessoal, facultando condições relacionadas com a assistência à saúde e aos filhos, etc. A qualidade de vida nas organizações pode ser francamente melhorada se essas medidas forem bem desenhadas e implementadas.

Tal como no aspeto pessoal, a qualidade de vida no trabalho é essencial para o desenvolvimento dos colaboradores, tanto dentro como fora do ambiente da empresa. Nesse sentido, é importante salientar o papel social das organizações também na formação de cidadãos mais conscientes de sua atuação na sociedade.

No ano passado (2018), desenvolvi junto com minha equipe programas de qualidade de vida dentro de grandes empresas. Uma delas foi a PRADA na cidade Mogi das Cruzes. Lá, fizemos um programa chamado "Peso Saudável", que consistia em realizar uma avaliação de bioimpedância com 60 funcionários e conhecer a porcentagem de gordura de cada um deles. Após essa ação, dividimos o grupo em seis e passamos a propor atividades físicas, simultaneamente, com ações de conscientização sobre alimentação saudável. Ao término do programa, a equipe que conseguisse reduzir a porcentagem de gordura seria a grande vitoriosa.

Ao final do programa, fomos à empresa apresentar os resultados e premiar a equipe vencedora. Após a apresentação, que incluiu um café da manhã saudável, um funcionário deu seu depoimento, algo que foi muito marcante. Ele disse: – Com o programa eliminei 12 quilos e minha vida mudou. Agora me sinto mais saudável e disposto para as atividades diárias. Passei a me alimentar melhor e incluí atividade física no meu dia. Motivei minha esposa também a caminhar e minha filha passou a acompanhar a mãe. O depoimento deixou todos naquela sala emocionados, pois percebemos o quanto influenciamos a vida daquele funcionário e de sua família.

> Embora possa haver empenho das empresas em gerir a saúde de seus trabalhadores, na busca por resultados positivos por uma produtividade maior, por incrível que pareça, muitos colaboradores permanecem num estilo de vida não saudável mesmo sabendo de todos os prejuízos de uma rotina desequilibrada. (BRAMANTE; OGATA; NAHAS; FONSECA, 2012).

Controle seu destino e não seja controlado por ele; construa as suas oportunidades.

Seja mais competitivo

E m recente fórum sobre qualidade de vida nas organizações — gestão de saúde e bem-estar —, realizado pelo SESC-São Paulo e apoiado pela Associação Brasileira de Qualidade de Vida (ABQV), foi levantada a seguinte questão: qual retorno se deve esperar ao investir em programas de qualidade de vida dentro das empresas? Refletindo sobre o assunto vemos, hoje, uma crescente preocupação por parte das empresas em oferecer programas de qualidade de vida aos seus funcionários. Essa preocupação está pautada em estudos que demonstram que a saúde e o bem-estar dos colaboradores estão ligados ao aumento da produtividade e à redução do absenteísmo, isto é, o tempo gasto para tratar um funcionário afastado é um tempo em que este funcionário não produz.

Programas de qualidade de vida nas empresas podem ter impacto positivo sobre a saúde e a produtividade dos trabalhadores. As mudanças de comportamento não se restringem ao consumo de alimentos ou à perda de peso, que são o foco da maioria dos programas baseados em dieta. Promover a mudança de comportamentos sem perder a dimensão simbólica da alimentação, considerando o indivíduo em sua totalidade, com foco na promoção da saúde e do bem-estar é desafiador, porém capaz de influenciar de fato a vida dos trabalhadores no sentido de

Não seja vazio

promover mudanças concretas e dura-
douras. (ANDRADE, TIMERNAN, MELO,
LOTUFO, 2018, p. 67).

Se pensarmos um pouco sobre o absenteísmo, veremos
que um funcionário ausente custa muito para a empresa, pois
ela terá que repor essa ausência, deslocando outro ao seu
posto de trabalho. Esse funcionário deslocado muitas vezes
não executa o trabalho com a precisão daquele ausente, aumentando o tempo de execução e, também, interferindo na
qualidade do serviço realizado — e tudo isso é custo. Outro
fator relevante é o aumento do custo com plano de saúde, o
que aumenta os gastos da empresa. Um estudo publicado no
American Journal Of Health Promotion, com base na revisão
de 72 estudos sobre o programa de promoção à saúde no ambiente de trabalho, mostrou que o retorno sobre o investimento é, em média, de $ 4,30 para cada dólar investido. Além des-
se estudo, a Organização Mundial da Saúde (OMS) destaca que
70% de todas as doenças que causam afastamento do trabalho estão diretamente ligadas ao sedentarismo e à obesidade.

Segundo Chiavenato (2000), para uma empresa ser
bem-sucedida, deve-se pensar em toda a sua estrutura
organizacional e, para isso acontecer, o capital humano é de
fundamental importância. Dessa forma, se a companhia em
que você trabalha investe em programas de qualidade de
vida, como grupos de corrida, eventos esportivos e de saúde,
ginástica laboral, avaliações físicas, palestras e cursos com
profissionais da área, ou estimula seu acesso à academia,
participe! Os funcionários ativos fisicamente são vistos como
mais envolvidos nas equipes, pois possuem autoestima e isso
influencia diretamente nos resultados. Uma empresa com
funcionários mais saudáveis é, também, mais competitiva.

Com a crescente globalização dos
negócios e a gradativa exposição à

Ronaldo Pazini

forte concorrência mundial, a palavra de ordem passou a ser produtividade, qualidade e competitividade. (CHIAVENATO, 2000, p. 11).

Assim, encontre algo que lhe traga prazer e tenha satisfação em fazer, pois, como disse Gandhi, "As nossas crenças se transformam em pensamentos. Nossos pensamentos se transformam em palavras. Nossas palavras se transformam em ações. Nossas ações se transformam em hábitos. Nossos hábitos se tornam valores. E nossos valores revelam o nosso destino".

Como gestor, eu não vou motivá-lo, mas posso estimulá-lo a encontrar aquilo que em você é a busca da excelência. Posso fazê-lo de vários modos, seja pela formação, seja pelo reconhecimento, pelo elogio e valorização, pela correção de natureza inteligente — a capacidade de corrigir sem ofender, orientar sem humilhar — ou pela possibilidade de colocar metas e prazos que fazem com que a pessoa dê o passo na direção desejada, em vez de se acomodar na situação em que se encontra. O lado externo, portanto, o lado objetivo da motivação será o estímulo. Às vezes, esse estímulo pode vir na forma de um prêmio, de um retorno financeiro, mas também pelo reconhecimento da autoria ou da qualidade daquele profissional e sua contribuição para o todo da obra. (CORTELLA, 2016, p. 27-28).

Trabalhei por cerca de dez anos ao lado do professor Gilberto Francisco de Oliveira Júnior, que se tornou um

Não seja vazio

grande amigo e, devido às circunstâncias da vida, nos afastamos profissionalmente. Aliás, jamais vi um profissional tão competente e diferenciado dar aulas para crianças. Sabe aquele cara com carisma e inteligência que conhece as necessidades dos alunos, esse é o cara. Passou por dificuldades pessoais com a morte de seu pai acometido por um câncer, o glaucoma o afastou por um tempo de suas funções. E mesmo com todas as dificuldades, nunca vi o "Giba" mal, forma que carinhosamente os amigos e alunos o chamam. Tenho a honra de dizer que o considero um parceiro, um amigo para todas as horas. Realmente algo que se sente e que é difícil colocar em palavras. Hoje entendo que a amizade é criar laços, ter afinidades e confiança. Giba voltou a fazer o que mais gosta atuando como professor de futebol e revelando atletas. Assim, ele escreveu o seu destino, possui uma família linda e conquista a admiração de todos que se aproximam. Por todos os momentos relembrados aqui e pelos planos para o futuro. Desejo que nossos filhos possam experimentar uma amizade verdadeira como a nossa!

Com o exemplo do professor Gilberto, chamo a sua atenção para a motivação, algo que temos dentro de nós e que nos propõe a encontrar a nossa vocação. Segundo Cortella (2016), uma pessoa motivada faz algo decisivo: ela procura excelência. A expressão latina *excellens* significa "aquilo que ultrapassa", "aquilo que vai além".

> **Você pode mudar o mundo com seus exemplos, não com suas opiniões.**

Sempre alinhe seus valores

Pergunto-lhe: — Quais são seus valores? Quando fiz o curso de COACHING, lembro-me de que em uma das aulas o Prof. Douglas De Matteu nos trouxe essa reflexão: — Quais são os seus valores?, ele perguntou. Fizemos uma reflexão e no meu caderno escrevi: "Família, Trabalho e Liberdade. Vieram as explicações do professor e pude entender uma breve passagem que tive na minha carreira. Era o início do ano de 2014 e recebi uma ligação do diretor do SESI da Vila Leopoldina, o Sr. André Martins (o mesmo que me contatou em 2004, quando entrei no SESI, lembra-se?). Naquele momento, ele me convidava para assumir a coordenação no SESI da Vila Leopoldina em São Paulo, era uma oportunidade profissional ótima, trabalhar em uma unidade maior, onde todos os "holofotes" estão apontados, sentia que estava no melhor momento na empresa, sendo reconhecido por um diretor que conhecia meu trabalho e minha essência como ser humano. Percebi que havia conquistado um espaço de destaque e que todos meus esforços haviam sido reconhecidos.

Por outro lado, meu filho tinha acabado de nascer, para ser mais exato estava com três meses na época. Era um momento mágico vê-lo crescer, suas gargalhadas, aconchegá-lo nos meus braços, trabalhando em São Paulo ia passar cerca de quatro horas em trânsito e perder parte de todo o seu crescimento. Tínhamos até uma aposta rolando em casa para saber qual seria a primeira palavra que ele falaria primeiro...

Naquele momento, pensei bem e, alinhado aos meus valores, acabei recusando o convite. Assim, entendi na prática o que são nossos valores e como eles norteiam a nossa vida e nosso destino. Se em meus valores estivesse em primeiro lugar

Não seja vazio

o lado profissional, jamais teria recusado. Mas, em primeiro vinha a família e não poderia ir contra isso, nossos valores podem mudar. Talvez, se o Luís já fosse maior e o trabalho estivesse em primeiro naquele momento, como em outros na minha vida, quando saí da casa de meus pais aos 23 anos para trabalhar em outra cidade, mas naquele momento o que mais me importava era estar com a família. Não me arrependi de minha decisão. E quanto a aposta? O Luís demorou muito para falar uma palavra, e ela só veio com quase quatro anos. Esse atraso na fala nos levou a procurar especialistas e, aos dois anos e três meses, tivemos o laudo de seu autismo.

Tenha pensamentos positivos sempre.

Sempre é tempo de recomeçar

Imagine que você já pulou as sete ondas e já fez os seus planos para entrar em forma, voltar a estudar, começar um relacionamento, conseguir um emprego, comprar uma casa ou ir viajar. Agora que você já fez simpatias e comeu lentilha para ter mais dinheiro, vamos refletir sobre "recomeçar". Esse recomeço é um processo muito mais interno do que externo e depende muito mais de você do que de qualquer outra pessoa. É claro que nesse processo encontramos pessoas negativas que tentam nos colocar para baixo, enfrentaremos dificuldades no trabalho, problemas de relacionamento até dentro da família e situações que podem dificultar nossos planos. Porém, o mais importante é não se boicotar, ou seja, não deixar que situações adversas mudem o foco de seus objetivos. Com certeza não existem soluções mágicas, mas ser sensato e se afastar de pessoas negativas é um bom começo. Se aproximar de pessoas inteligentes e positivas é uma forma de ter foco, e nos detalhes você percebe quem realmente merece a sua companhia. Aproveite esse recomeço para se divertir mais, assumir responsabilidades, reconhecer que não é infalível e que todos cometem erros.

Segundo Robbins (2008), viver plenamente enquanto está aqui, se acabar de tanto viver. Aproveitar as oportunidades para aprender com seus erros. Não tentar ser perfeito(a), basta se tornar um excelente exemplo de ser humano e procurar sempre meios de melhorar você próprio(a). Dessa forma, o que vai fazer a diferença são as atitudes tomadas frente às diferentes situações. Preocupe-se em fazer o melhor, mesmo que as pessoas e o ambiente onde atue não estejam preparados para recebê-lo. No final dessa jornada, a avaliação é com sua consciência, e tudo é um grande aprendizado.

Não seja vazio

Imagine que as merecidas férias de final de ano chegaram. Gostaria de convidá-los para uma reflexão quanto a esse período do ano, geralmente movido pela quebra de regras e descontrole dos hábitos alimentares e inatividade física. O que proponho é chamado pelos educadores físicos de lazer ativo. Com certeza, você será convidado para muitas confraternizações e a comilança será geral, porém não se esqueça de que seu corpo pagará um alto preço para voltar à forma, se você cometer exageros. Que tal aproveitar as férias para desenvolver as inteligências múltiplas sugeridas por Gardner (1995) e realizar o balanço calórico consciente que consiste em não cometer exageros e se cometer, compensar no outro dia com atividades físicas e atenção à alimentação.

As inteligências múltiplas consistem em estimular o cérebro a conhecer cada uma delas: a Inteligência Linguística diz respeito à habilidade de lidar de forma criativa com as palavras; a Inteligência Lógico-Matemática faz menção à capacidade que a pessoa tem para solucionar problemas envolvendo números e demais elementos matemáticos, isto é, habilidades para o raciocínio dedutivo; a Inteligência Cinestésica faz referência à capacidade de utilizar seu próprio corpo de formas diferentes e hábeis; a Inteligência Espacial se refere à noção de espaço e direção; a Inteligência Musical se relaciona à capacidade de organizar sons de modo criativo; a Inteligência Interpessoal faz referência à habilidade de compreender os outros, o modo como aceitar e conviver com o diferente; e a Inteligência Intrapessoal diz respeito à capacidade de relacionamento consigo mesmo, ou seja, o autoconhecimento, a habilidade de administrar seus sentimentos e emoções a título de seus projetos Gardner (1995).

Defendemos, também, o momento de férias escolares como um momento de vencer o maior adversário — "o sofá" —; sim, ele é o maior inimigo das crianças, jovens e adultos nesse período. Para vencê-lo, programe atividades ao ar

Ronaldo Pazini

livre, não deixe as crianças mais de uma hora por dia nos jogos eletrônicos, faça atividades físicas, pratique esportes e/ou atividades de seu interesse, leia um bom livro, faça coisas novas, conheça lugares diferentes, tire muitas *selfies* e adicione amigos, alimente-se bem, contemple a natureza e, com certeza, estará mais preparado para um novo ano. De acordo com a Organização Mundial de Saúde (OMS), quase dez milhões de pessoas morreram no Brasil em decorrência de infarto do miocárdio, derrame cerebral, câncer e diabetes em 2018. Sem contar aquelas que ficaram limitadas de suas funções por sequelas decorrentes dessas doenças. Defendemos que as férias sejam um momento de descanso, mas também um momento para reflexão sobre a melhoria da qualidade de vida. Não se esqueça, 80% dos casos de doenças cardiovasculares e diabetes e 40% dos casos de câncer podem ser evitados com um melhor estilo de vida que são, acima de tudo, atitudes positivas em relação a sua saúde. Contudo, não se esqueça, nessas férias pratique o lazer ativo.

Ao terminar de ler este livro, você vai ser capaz de ter mais saúde mental e física, amizades sinceras, viagens magníficas e uma alimentação mais saudável.

Qual seu grau de felicidade

Recentemente, ao encontrar uma revista no saguão de um hotel, deparei-me com um teste que dizia: — Descubra seu grau de felicidade. As perguntas tinham a ver com situações como? Você gostaria de um aumento de salário imediato, ou a possibilidade de promoção no futuro? Qual sua prioridade se fosse o prefeito de sua cidade? Em um cassino, você apostaria tudo em uma única jogada? Você emprestaria dinheiro para alguém jogar? Como reagiria se descobrisse que um colega de trabalho ganha mais do que você e que possuem o mesmo cargo? Com certeza são perguntas intrigantes, porém acredito que a felicidade é algo que vai além de meia dúzia de perguntas, você não acha? Epicteto 2000 a.c já dizia que a felicidade não depende só de nós, pois uma pequena parte vem de situações que não temos o controle e que podem mudar nossa história, haja vista, refletimos sobre isso ao analisar a tragédia com o time Chapecoense no final de 2016. Assim, utilizar o tempo para aprimorar aquilo que temos em nossa natureza é uma forma de buscar a excelência. Platão nos deixou a mensagem de que desejar algo é o que nos move e, assim, vamos em busca daquilo que queremos. Trazendo seu pensamento para os dias atuais, esse desejo de algo pode ser traduzido pelo amor que dedicamos aos nossos afazeres diários. Já Baruch Espinoza poderia definir a busca da felicidade em se ter alegria nas ações do cotidiano. Para Seligman (2010), a teoria da felicidade autêntica passa por cinco elementos básicos: 1) a emoção positiva, que é a pedra angular da teoria de bem-estar; 2) a entrega (viver o momento presente); 3) o sentido (as idiossincrasias da vida); 4) sucessos (indivíduos que perseguem o sucesso); e 5) relações (os outros indivíduos).

Não seja vazio

Dessa forma, para descobrir o seu grau de felicidade, acrescente amor e alegria na busca de sua excelência! Seja ela pessoal profissional ou social, seja ético e respeite as pessoas. Esse é o melhor caminho para a felicidade.

Após realizar as primeiras aulas de *Coaching* com o professor Douglas De Matteu, iniciei algumas sessões utilizando as ferramentas conhecidas no curso. Nesse início, meus *Coachees* (nome dado para quem recebe o *Coaching*) foram as pessoas mais próximas (esposa, mãe, pai, irmãs), aqueles que, de alguma forma, gostariam de colocar em prática esses novos conhecimentos. As sessões foram me dando bagagem e somando experiências para entender melhor cada situação e momento vivido pelas pessoas. Aprendi a importância de se conhecer melhor os perfis de cada um e estabelecer uma conexão direta e segura dentro das abordagens. Fui obtendo bons *feedbacks* daqueles que recebiam minhas sessões, e passei a contemplar os amigos mais próximos, comecei a perceber o poder que as perguntas exercem sobre as pessoas, que, muitas vezes, não sabem o que precisam, mas todos devemos evoluir em algum ponto! Com as várias tarefas diárias, passamos muito tempo no automático e esquecemos de refletir sobre os caminhos que estamos tomando em nossas vidas. Acredito que demos um salto enorme com a tecnologia e ela só vai aumentar, mas é o momento de buscarmos o autoconhecimento e as coisas simples da vida. Falta de tempo se tornou a maior desculpa para a não realização de uma tarefa ou a busca para realização de um sonho; com o *Coaching*, temos a ferramenta de gestão do tempo. Às vezes, falta percepção para entender as mudanças que estão acontecendo na vida e no mundo e interpretar esses sinais passou a ser fundamental.

Quando terminei a minha trigésima oitava sessão gratuita, achei que estava pronto para encarar mais um desafio e começar a cobrar por minhas sessões. Organizei-me para isso, montei artes próprias com o logo de minha empresa, fiz

Ronaldo Pazini

cartões personalizados, as devolutivas seriam em papel timbrado, divulguei uma foto com o Prof. Douglas em meu *Instagram* e, assim, informei as pessoas sobre essa minha nova vertente. Imediatamente, me procuraram e consegui fechar algumas parcerias com empresas e algumas sessões particulares. Encontrei no *Coaching* mais um propósito na minha vida "ajudar as pessoas", percebi que todos precisam de objetivos, devem traçar metas e ter foco. Até agora, as sessões foram únicas, nenhum dos *Coachees* teve as mesmas alavancas, mas todos tinham pontos que poderiam ser explorados. Instigava-me o fato de as pessoas quererem melhorar o relacionamento com a família, mas, ao explorar o assunto, percebia que o que queriam, no fundo, era mudar o comportamento dos integrantes da família porque isso causava os conflitos, ou gostariam de melhorar no emprego, mas víamos que o resultado era colocado como se toda a equipe precisasse mudar, ou queriam alterar os hábitos, mas colocavam a falta de tempo e a quantidade de compromissos como um empecilho para essa mudança. Assim, com o *Coaching*, a primeira lição que aprendi foi fazer com que as pessoas se concentrem em si, não delegando a responsabilidade de seu sucesso para as demais, não colocando todas as esperanças no que o outro vai fazer porque, se elas não fizerem, o resultado jamais será o esperado. Cada um tem que ser capaz de se superar, todos temos um potencial incrível, mas, às vezes, o deixamos escondido em alguma desculpa ou barreira mental que impede o nosso crescimento. Chamo isso de preconceito limitador de sucesso (PLS), que se manifesta por meio de palavras e frases negativas como: não vai dar certo, isso não funciona, sempre fracasso, comigo é sempre assim... Esses termos precisam ser substituídos por eu consigo, sou capaz, vou em frente, desistir jamais, entre outros também poderosos. Contudo, consigo extrair o melhor de cada *Coachee* que procura minha assessoria e os resultados têm sido muito positivos,

Não seja vazio

haja vista a gratidão que demonstram ao mudarem seu perfil mental. Uma dessas pessoas, ao preencher sua roda da vida (ferramenta do *Coach*), foi identificada com baixas avaliações em realização e propósito e recursos financeiros. Estavam claramente anunciadas as alavancas que iríamos desenvolver com o trabalho de *Coaching*. Passamos a nos dedicar nas sessões em trilhar caminhos que aumentassem essa avaliação que é feita individualmente pelo *Coachee*. Foi percebido que, para se alcançar melhores resultados, uma grande mudança haveria de ser feita e minha próxima pergunta foi "Você está disposta a pagar o preço?", e a sua resposta foi "Sim, estou!". Essa resposta implicava em voltar a estudar, se preparar para um novo emprego, abandonar modelos mentais atuais, ir além do tradicional, fazer coisas novas, deixar de almoçar em casa todos os dias, talvez ir para outra cidade, ou seja, sair totalmente da zona de conforto.

Esse exercício me fez entender que, muitas vezes, as pessoas querem um algo a mais, mas nem sempre estão dispostas a pagar um preço para isso, poucas conseguem abandonar um modelo que um dia já deu certo. Continuamos com as sessões e fomos identificando as suas forças, fraquezas, ameaças e oportunidades. Foram estabelecidas pequenas metas rumo ao objetivo maior. Os primeiros passos foram verificar em seu meio de convivência possíveis pessoas que pudessem lhe proporcionar oportunidades, retomar o *networking* com grupo de RH, ao qual um dia fez parte, atualizar contatos de *e-mail* e celular, adequação das mídias sociais, foi pensado em tudo que pudesse guinar seu sucesso profissional. Uma das ações sugeridas foi a criação de um *e-mail marketing* com uma ação de sucesso que a *Coachee* realizou que pudesse chamar a atenção de outras empresas; chamamos isso de "boas práticas". Enviamos primeiramente para as empresas do *mailing* atualizado da *Coachee* e o resultado foi positivo, pois muitas responderam ao *e-mail* elogiando a iniciativa e perguntando

Ronaldo Pazini

mais detalhes sobre as ações. A *Coachee* ficou muito feliz e começou a mirar mais alto. As grandes empresas da região sempre promovem eventos e ela começou a participar deles, conhecer melhor os seus produtos e projetos sociais. Ela se mostrou disponível a ajudar, então enalteci o seu comportamento nas redes sociais, fez novos amigos e ampliou o seu *mailing* de contatos. Havíamos combinado dez sessões e, na metade, ela já era outra pessoa, muito mais confiante, empolgada e capaz de reescrever seu caminho. Percebi que era uma questão de tempo até algo novo acontecer. E, enquanto escrevia este texto, pensava o quanto o nosso pensamento é poderoso e o quanto podemos afetar positivamente a vida das pessoas. E, como havia previsto, algo aconteceu: a *Coachee* foi chamada para uma entrevista na maior empresa da cidade, era uma segunda-feira pela manhã quando recebi a mensagem que dizia o seguinte – Estou indo fazer o exame admissional, começo uma nova fase na minha vida. Muito obrigado! Talvez pareça simples contando assim de forma breve, mas as conquistas nesse caso não foram fáceis, exigiram muita dedicação. Lembrei-me de uma frase célebre de minha mãe "Não se tira leite de pedra". Você já deve tê-la ouvido também, e o que sempre digo nas minhas intervenções é "Você está afim?", a resposta tem que ser com o comprometimento de 100%, pois não existe trabalho fácil, e não há empresa 100% com funcionário 10%, não existe oportunidade para quem não levanta cedo e vai atrás. Meu tio José, citado na dedicatória, me disse uma vez que todo mês o dinheiro recebido como ajuda no transporte ele economizava e fazia o percurso de 5 km a pé para, no final do mês, comprar um refrigerante e um doce de sua preferência. Ele sempre foi um grande exemplo para mim, pois se tornou um grande administrador de empresas iniciando sua jornada como *office boy*. As pessoas de sucesso que conheço sempre construíram sua história com muito suor e perseverança. E você, como está escrevendo a sua? Não deixe de encontrar o seu caminho, invista em si, seja a mudança que quer no mundo.

Não seja vazio

Voltando ao *Coaching* (processo de *Coaching*), todas as pessoas querem ser ouvidas, todas necessitam de acolhimento e todos cometemos erros. Desses três conceitos, talvez o mais importante seja como reagir quando as coisas não dão certo. Muitos não têm forças para reconhecer e colocam a culpa em tudo e em todos, mas os vitoriosos aprendem com os erros e se fortalecem a cada recomeço, criando uma espécie de fortaleza mental que passa a ser indestrutível.

Faça o exercício da Roda da Vida e aumente a sua percepção sobre os pontos que precisam ser desenvolvidos. Como fazer: preencha a sua Roda da Vida, identificando de 1 a 10 os pontos de acordo com a sua percepção, observe o modelo abaixo:

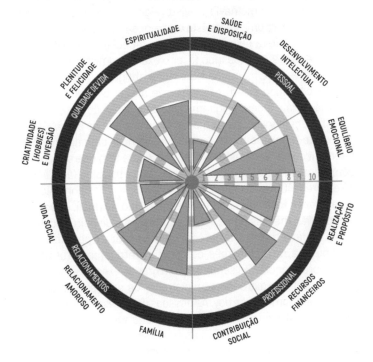

Ronaldo Pazini

Percebemos com o preenchimento que os pontos que mais chamam atenção são: saúde e disposição, contribuição social, vida social e criatividade, *hobbies* e diversão. Dessa forma, estas serão as alavancas de desenvolvimento. O próximo passo é elencar ações para elevar esses indicadores. Vamos aqui exemplificar uma ação para cada um desses indicadores, conforme o quadro a seguir. O seu comprometimento com cada ação precisa ser máximo.

ALAVANCAS SAÚDE e disposição	Ação	Um passo por vez	Prazo	Nível de comprometimento	RADAR
Alimentar-se melhor.	Passar por uma consulta com nutricionista.	Fazer contato e iniciar acompanhamento nutricional especializado.	20 FEV	10	Iniciar uma reeducação alimentar.
Contribuição social.	Contribuir com trabalho voluntário.	Identificar alguma vocação para atuação.	22 FEV	10	Conhecer alguma entidade na cidade.
Vida social.	Identificar bons amigos.	Tomar café com um amigo toda semana.	25 FEV	10	Entrar em contato com os amigos.
Criatividade, *hobbies* e diversão.	Identificar algo que goste de fazer.	Andar de bicicleta no parque no FDS ou ler um bom livro.	26 FEV	10	Organizar tempo para essa atividade.

Não seja vazio

Agora é com você! Preencha o modelo abaixo e mãos à obra.

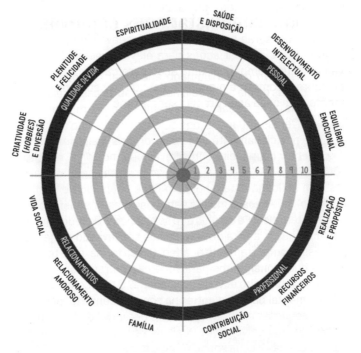

Quando as coisas não fizerem mais sentido e nada mais prendê-lo, não tenha medo de mudar o roteiro, você só descobre novos caminhos quando muda a direção.

Como conquistar seus objetivos

É instintivo do ser humano encontrar comodidade nas coisas do dia a dia, seja nas tarefas de casa, seja na escola ou no trabalho. Procuramos a todo o momento, em diversas situações, nos colocar em posição de conforto. Esse posicionamento pode ser corporal, pelo simples fato de se sentar de maneira confortável, ou emocional, em situações em que não seremos ameaçados. Esses comportamentos vêm de longa data e hoje em dia é chamado de "zona de conforto", que é, para muitos estudiosos, estar satisfeito com o que se tem e com o estágio que se alcançou. O medo de se expor, a preguiça, a falta de entusiasmo vão levando as pessoas para esse comportamento apático. Dessa forma, este texto faz alguns questionamentos para você não entrar nesta zona de conforto. O primeiro é: você se conhece? O autoconhecimento é fundamental para não entrar na zona de conforto, pois possibilita conhecer seus limites e suas potencialidades. Olhe-se no espelho, quem você vê? Quais os seus talentos? Quais são suas angústias e seus sonhos? Sabe aonde quer chegar? Faça outras perguntas a si mesmo: você assume suas responsabilidades? Autorresponsabilidade é essencial para ir adiante, assuma a responsabilidade por sua vida, assuma compromissos consigo, procure pensar GRANDE, desenvolva disciplina e persistência, seja resiliente. Você é o responsável pelos seus atos. Para finalizar os questionamentos responda: você tem atitude? É dono de seu destino? Li uma frase recentemente que me fez pensar: "Se você não correr atrás de realizar os seus sonhos, alguém vai contratá-lo para realizar os dele". Isso explica o que Covey (2011), consultor empresarial e escritor de sucesso, com o livro *Os 7 hábitos das pessoas altamente eficazes*,

Não seja vazio

relatou ao longo de vinte e cinco anos de experiência. Suas reflexões e pesquisas o convenceram de que sete hábitos fazem a diferença na vida das pessoas bem-sucedidas, são eles: ser proativo, liderança pessoal, administração pessoal, liderança interpessoal, comunicação empática, corporação criativa, autorrenovação equilibrada. Para que você os entenda, explico abaixo de forma objetiva.

Hábito	Comportamento
SER PROATIVO	Antecipe suas ações, assuma as responsabilidades e, acima de tudo, tenha iniciativa.
LIDERANÇA PESSOAL	Tenha boas estratégias. Com isso, você evita ser surpreendido. Seja criativo e assertivo em suas decisões. Pense sempre em vencer!
ADMINISTRAÇÃO PESSOAL	Como você administra a sua vida? Tenha gestão do seu tempo, planeje, tenha objetivos, coerência e foco.
LIDERANÇA INTERPESSOAL	Esteja sempre próximo de sua equipe. Possua estratégias que facilitem o trabalho. Desenvolva sua liderança com diálogos e treine sua equipe com foco nos resultados.
COMUNICAÇÃO CRIATIVA	Escute com atenção e busque sempre a resolução de problemas pelo diálogo.
CORPORAÇÃO CRIATIVA	Sempre procure trabalhar em equipe. Troque o eu por nós.
AUTORRENOVAÇÃO EQUILIBRADA	Lembre-se sempre de se aprimorar física, mental, emocional e espiritualmente. Você precisa estar bem consigo mesmo.

Assim, tenha atitude, vá à luta, não perca seu tempo com bobagens, pois enquanto reclama, há gente se superando, vencendo barreiras e conquistando seus objetivos. Para você que chegou até aqui, as respostas para estas perguntas estão dentro de si e podem ser resumidas em buscar a sua autorrealização dia após dia. Para Covey (2011), a integridade é, fundamentalmente, o valor que damos a nós mesmos. É a nossa capacidade de assumir compromissos sérios com nossa própria mente, e manter os assumidos com os outros, é "fazer o que dizemos".

Mantenha o foco nas pessoas, evite utilizar o "eu" — troque por nós —, trabalhe duro, demonstre autoconfiança, sempre respeite os funcionários, pratique a escuta ativa e seja prestativo, conquiste a confiança de sua equipe trabalhando junto, busque sempre o alvo, lidere pelo exemplo, priorize a comunicação e tenha a cabeça aberta para novas ideias.

No segundo semestre de 2012, fui lecionar no curso de Educação Física a matéria Dimensões Filosóficas da Educação Física, uma disciplina que adoro ministrar, pois gosto de gerar reflexões com os alunos acerca dos mais diversos temas. Aquela era uma turma pequena no período matutino, em que 90% dos alunos ainda não estavam na área e não trabalhavam. Muitos faltaram em nossa primeira aula, na qual citei algumas referências que deveriam pesquisar; dividi o grupo e já passei um trabalho que, ao final do semestre, precisariam apresentar. Seria um seminário sobre a obra de Paulo Freire. Na segunda aula, iniciei retomando os combinados e fui escrevendo na lousa os nomes dos grupos. Ao me virar para a classe, percebi um aluno já debruçado sob a carteira não prestando atenção na aula, me aproximei e disse — Amigo, vá lá passar uma água no rosto e volte para a aula. Ele me olhou e disse — Tô de boa, professor. Eu insisti e, brincando, disse — Vá lá, amigão, será melhor para assimilar a aula. Nesse momento, ele se levantou e foi ao banheiro. Durante sua ausência, um aluno comentou — Professor, ele é assim mesmo, toda aula ele

Não seja vazio

dorme. Fiquei com essa frase na cabeça. Dei a aula e ele não mais dormiu, mas no final o chamei para conversar. Perguntei o porquê estava cansado e ele me disse — Professor, sabe o que é, eu trabalho na portaria de um prédio das 18h00 às 6h00 da manhã e venho direto para a faculdade, fico muito cansado, peço desculpas pelo ocorrido. Naquele momento, tive mais empatia pelo rapaz, afinal, na minha época de faculdade, trabalhava das 21h30 às 3h30 em uma empresa de compensação bancária. Sabia o que era estar cansado na sala de aula. Encerrei nosso papo por ali, incluindo o nome dele em um grupo de trabalho. Passando algumas semanas, convidei a classe para conhecer o trabalho paraolímpico que é desenvolvido na unidade do SESI-Suzano, onde era o coordenador de esportes na época. No dia agendado, Caio foi o primeiro a chegar. Ficou ali conversando comigo até os demais alunos chegarem e fazendo algumas perguntas. Ainda não sabia o que realmente era o projeto. Como havia chegado mais cedo, enquanto aguardava, viu entrarem os professores, os atletas e seus colegas de turma. No momento de ir à quadra e conhecer o projeto, ele era o mais animado: perguntava sobre as deficiências que os atletas possuíam, as regras da bocha, interagia com os técnicos e a comissão técnica, percebi que ficou bem empolgado com a atividade, e ao final perguntou se poderia voltar. O orientador de esporte do SESI Sr. Ronaldo Oliveira convidou o grupo para retornarem para conhecer a disputa do campeonato regional, que seria disputado em duas semanas ali mesmo na unidade. Nas duas semanas que antecederam a competição em nossas aulas, era nítida a mudança no comportamento do aluno. Agora mais focado nas aulas, menos cansado e mais comprometido. Disse-me que conhecer o projeto tinha sido um marco em sua vida. Que daquele dia em diante jamais reclamaria da vida, pois percebeu o quanto os atletas se superavam e

Ronaldo Pazini

atingiam seus objetivos, mesmo com deficiências severas que limitavam seus movimentos. No dia do campeonato, Caio foi o primeiro a chegar e, por já conhecer a comissão técnica de nossa equipe, pode acompanhar de dentro da quadra. O que lhe possibilitou conhecer ainda mais sobre a bocha adaptada. Na semana seguinte ao campeonato, ao término de nossa aula, ele me chamou e disse — Professor, quero trabalhar com a bocha, em especial com a classe BC3 que é a dos atletas mais comprometidos. Eu lhe disse — Não é fácil, meu amigo, os integrantes da equipe precisam ser mais do que técnicos e o envolvimento com os atletas é total e, muitas vezes, mais emocional do que técnico. A partir desse momento, começou a se preparar me pedindo livros, participando de eventos como voluntário e estando mais presente. Ainda trabalhava como porteiro, mas sempre deixava um tempo para estar presente. Quase ao final do semestre, um estagiário do projeto se formou e deixou a vaga em aberto. Sem dizer nada ao Caio, conversei com o Ronaldo Oliveira e, de imediato, pensamos em convidar o Caio. Eu sabia que o salário dele como porteiro era o dobro do que ele ganharia como estagiário, mas mesmo assim lhe fiz o convite. Sua resposta foi imediata — Sim, professor! Aceito a vaga. Com um forte abraço me gradeceu e iniciou suas atividades com a equipe. Assim, hoje em seu currículo estão três campeonatos nacionais individuais, duas vezes pares e equipe, três vezes campeão paulista, três vezes campeão regional e uma vez campeão do torneio Sergio Del Grande (realizado no antigo CPB). Participou também da formação da Atleta Evelyn Oliveira que foi medalha de ouro nas paraolimpíadas RIO 2016.

Atualmente, Caio é funcionário da Prefeitura de Barueri e dissemina todo o seu conhecimento desenvolvendo outros atletas.

Essa breve história nos remete a nunca julgar as pessoas

Não seja vazio

ou ter preconceitos que limitam o conhecimento, o preconceito limitador da aprendizagem (PLA) não pode fazer parte de sua rotina. "Os dias prósperos não vêm por acaso, nascem de muita fadiga e persistência" (HENRY FORD).

O dia passa muito rápido para perder tempo com sentimentos ruins, ame as pessoas que o tratam bem e ore pelas que não o fazem.

Alexsandra Zulpo

Você vai ser feliz este ano?

Todo começo de ano é um bom momento para refletir, não é mesmo? Você consegue fazer isso todos os dias? Já decidiu se vai ser feliz este ano? Talvez tenha ouvido falar que a felicidade é interior, ou seja, você é tão feliz quanto deseja ser. Hoje, com os estudos sobre o cérebro, entendemos que a felicidade é um hábito mental, uma atitude da alma, e caso essa aprendizagem não seja praticada no dia a dia, no presente, você nunca poderá experimentar completamente os seus benefícios e prazeres.

Segundo (GOLEMAN, 2001, p.337), a Inteligência Emocional se resume ao conceito das inteligências interpessoal e intrapessoal, ou seja, se você não estiver bem com você, enfrentará dificuldades para motivar e se dedicar ao outro. Pense em uma meta que tem que alcançar. Se ela for batida, um obstáculo vencido, um problema resolvido, um relacionamento terminado, sempre surgirão novas metas, maiores obstáculos, novos problemas e novos relacionamentos, pois a vida é assim, as coisas acontecem dentro de um ciclo de eventos naturais causados por atitudes e comportamentos que tomamos no presente.

De acordo com Cury (2008), é necessário primeiramente aprendermos a gerenciar nossas próprias emoções para depois lidar com a emoção dos que nos cercam. Afinal, como podemos entender os sentimentos dos outros se não sabemos lidar com os nossos? Apesar disso não ser fácil, é necessário ao nosso sucesso em todas as áreas, inclusive profissionalmente, sobretudo se ocupamos um cargo de liderança. A frase de Alexsandra Zulpo, "Envelhecer é inevitável, mas crescer é opcional", nos remete às possibilidades constantes para o nosso aprendizado, desenvolvimento e

Não seja vazio

evolução. Esses três momentos estão sempre presentes em nossas vidas. O primeiro é aprendizagem, momento de buscar o conhecimento e saber que jamais saberemos tudo de todas as coisas; o segundo é o desenvolvimento, momento em que temos de aproveitar as oportunidades que a vida nos oferece; e o terceiro é a evolução, que implica na capacidade de evoluir como seres humanos. Ter fé e acreditar em seu potencial é o alicerce para esse desenvolvimento, e saber que ninguém faz nada sozinho ajuda no entendimento das fases da vida.

> Cada um de nós tem tendência para pensar que vê as coisas como elas são, objetivamente. Mas não é bem assim. Vemos o mundo, não como ele é, mas como nós somos — ou seja, como fomos condicionados a vê-lo. Quando abrimos a boca para descrever o que vemos, na verdade descrevemos a nós mesmos, nossas percepções e paradigmas. Quando as outras pessoas discordam de nós, imediatamente achamos que há algo de errado com elas. (COVEY, 2011, p. 15).

Procure refletir sobre os acontecimentos com ações positivas em relação às pessoas e não perca a oportunidade de agradecer àquelas que realmente se importam com você!

Se você quer ser feliz este ano, não espere que as coisas caiam do céu, vá em frente e desenvolva o hábito de ser feliz todos os dias.

Experimente se desconectar

Responda-me uma coisa. Quantas mensagens você já recebeu até o meio-dia? 100, 50, 30? Agora, faça uma análise de quantas foram relevantes para a sua vida. Uma pesquisa recente, publicada no site g1.globo.com em junho de 2016, revelou que o maior tomador de tempo no ambiente de trabalho é o celular. A mesma pesquisa revelou que nós, brasileiros, passamos quase quatro horas por dia conectados, ficando em terceiro lugar no *ranking* mundial.

Com certeza, a tecnologia é um avanço de nosso tempo e ela só vai aumentar — a reflexão é sobre como estamos utilizando essa extraordinária ferramenta. Outro estudo alertou que o uso de celulares pelos pedestres aumenta de 3 a 9 vezes as chances de atropelamento. Outra informação preocupante veio de uma cidade da região, onde os vereadores levaram à sessão de votação projeto de substituição dos professores de Educação Física que atuam nas praças da terceira idade por aplicativos para celular.

Eles alegavam que, com o aplicativo, o município reduziria seus gastos com funcionários. Dessa forma, percebemos que as pessoas estão perdendo a vocação para o convívio social, fator que contribui ao aumento dos casos de depressão e isolamento social. O que me parece é que hoje o *smartphone* supre todas as necessidades dos seres humanos que, desde pequenos, vêm sendo hipnotizados pelos seus jogos e aplicativos. Passeou pelas redes sociais uma carta de uma criança de oito anos que dizia querer morrer e nascer um celular.

No relato, ela dizia que os pais riam, conversavam e brincavam com o celular, e quando pedia para brincar, estavam sempre cansados. Assim, ela pedia para ser um celular para os pais darem atenção a ela. Na contramão de tudo isso, experimente

Não seja vazio

se desconectar, estimule seus filhos a conversar, opinar e resolver problemas do mundo real. Fortaleça e crie novas amizades, pois ainda não inventaram um aplicativo capaz de substituir a experiência mais valiosa de nossas vidas: "a socialização".

> A gratidão o faz agradecer até pelas coisas ruins que você passou, porque o faz entender que tudo foi importante para forjar a pessoa que você é hoje.

Incentive seus filhos a praticarem atividade física

Recente matéria veiculada na TV mostrou que, hoje, 60% das crianças não se exercitam e passam a maior parte do dia em diversões eletrônicas como *tablets*, celulares e videogames. A pesquisa foi realizada nas grandes cidades do país e revelou o que já estamos vendo no dia a dia. Você pode pensar, mas e aqueles *videogames* com KINECT que fazem a criançada se movimentar? Sim, estes comprovadamente propõem a prática de movimentos. A pergunta que faço é: a maioria das famílias consegue adquirir essa tecnologia? Não podemos ignorar os avanços tecnológicos, pois estes só irão aumentar. Precisamos é estar atentos e não permitir que as crianças passem pela infância sendo reféns de jogos capazes de excluí-las do convívio social. Ou seja, que inibem o contato com outras crianças. A falta desses relacionamentos irá prejudicar a tomada de decisão no futuro, pois desde pequenas elas aprendem a lidar com a resoluções de problemas, trocar ideias e se comunicar.

Dentre as atividades físicas mais recomendadas, destacam-se aquelas realizadas em grupos como a prática de esportes, jogos e brincadeiras. A atividade física infantil vai promover o crescimento e o desenvolvimento saudável das crianças e jovens, trabalhando a confiança, autoestima e os sentimentos de realização. Saiba que uma criança ativa tem 25% de chances de se tornar um adulto ativo; já uma sedentária tem 100% de probabilidade de ser um adulto sedentário, pois não irá aprender a reconhecer os benefícios da atividade física e os valores intrínsecos dos esportes, como saber ganhar e perder, respeitar os colegas, as normas e regras e desenvolver a sua criatividade. É importante que a criança goste e se divirta com o esporte que escolher, pois assim vai se desenvolvendo gradativamente. A criança deve vivenciar o

Não seja vazio

esporte de maneira prazerosa, divertida e de forma lúdica. Aprender a correr, saltar, pular e nadar, praticando atividades físicas, permite o desenvolvimento muscular e da personalidade. A criança precisa experimentar várias modalidades esportivas, sem cobrança, sem pressão e, naturalmente, descobrirá aquela de que mais gosta conforme suas habilidades e preferências.

> Não basta o aluno correr ao redor da quadra; é preciso saber por que está correndo, como correr, quais os benefícios advindos da corrida, que intensidade, frequência e duração são recomendáveis. Não basta aprender as habilidades motoras específicas do basquetebol; é preciso aprender a organizar-se socialmente para jogar, compreender as regras como um elemento que torna o jogo possível (e, portanto, é preciso também que os alunos aprendam a interpretar e aplicar as regras por si próprios), aprender a respeitar o adversário como um companheiro e não um inimigo a ser aniquilado, pois sem ele não há jogo; é preciso, enfim, que o aluno seja preparado para incorporar o basquetebol e a corrida em sua vida, para deles tirar o melhor proveito possível. (BETTI, 1993, p. 282).

Quando era coordenador de Esportes de uma grande empresa da cidade de Suzano, em uma determinada aula de iniciação esportiva, chamou-me a atenção um aluno de sete anos com quase 52 quilos — o garotinho tentava se locomover, mas era muito difícil. O professor tentava coibir os apelidos e também buscava formas de participação do aluno, mas seu excesso de peso era muito prejudicial a sua atuação. Ao final da aula, chamei o professor e perguntei sobre o aluno. As informações me fizeram refletir sobre como poderíamos traçar um plano para ajudar esse aluno. Liguei

Ronaldo Pazini

para a mãe dele e solicitei que viesse em nossa unidade para conversar e, no dia marcado, ela compareceu e trouxe sua filha. Para constar, tanto a mãe quanto a filha estavam bem acima do peso. Na minha primeira fala, utilizei uma pergunta, da qual me arrependi depois, disse: — A senhora ama seu filho? Sim, foi a resposta. Eu disse, — A Senhora não vai ver ele chegar na faculdade? Com um semblante emocionado, percebia que havia sido muito direto... Terminei a fala dizendo que, se ele continuasse obeso desse jeito, teria sérios problemas de saúde ainda em sua infância. Seus músculos estavam muito fracos, as articulações estavam sofrendo com o excesso de peso, os órgãos internos provavelmente com acúmulo de gordura e seu emocional sofrendo com o *bullying* por parte dos outros colegas, causando uma baixa autoestima.

Ao final, enalteci o fato de tê-lo colocado para praticar esportes e por ter atendido o meu chamado. A mãe do Mateus, com lágrimas nos olhos, me disse — Ronaldo, o que posso fazer? Eu amo meus filhos e faço tudo por eles. Nesse momento, senti que poderia dar um passo adiante. Disse — A senhora pode contar comigo e com minha equipe, vamos fazer o impossível acontecer.

Na semana seguinte, marcamos uma nova reunião e, dessa vez, a nutricionista participou. Combinamos de rever o cardápio da família e aumentar o seu gasto calórico, inscrevendo-o em atividades diárias; sua jornada passou a ter aulas de natação, esportes (futebol, basquete) e, em sua lancheira, ao invés de salgadinhos e refrigerantes de 600 ml, passou a ter frutas e água saborizada. Os professores mais atentos não deixavam os outros denegrirem sua imagem com apelidos e brincadeiras tolas. Sua mãe iniciou em nossa turma de hidroginástica e sua irmã, nas turmas de voleibol e natação.

Após três meses, os resultados começaram a aparecer. Mateus já estava mais disposto e com autoestima para lidar com a situação. Em um ano, ele reduziu cerca de 15 quilos de gordura corporal e conseguimos mudar a vida daquela família. Na reunião de pais do final do ano, a mãe agradeceu pelo que fizemos por seu filho e disse aos presentes que veria o filho chegar à faculdade.

Não seja vazio

Senti orgulho do que tinha alcançado e pensei em como somos importantes para afetar positivamente as pessoas. O segredo é não ser omisso, se, ao passar pela quadra não tivesse me importado com aquela situação, talvez o resultado fosse outro. No meio do ano seguinte, fui transferido a outra unidade e perdi o contato com Mateus, mas soube por um professor que ele e sua família continuam frequentando as aulas, o que me deixou muito feliz.

Todo esse nosso esforço foi enaltecido na publicação de 14 de janeiro de 2015 no *site* do jornal *O Globo*. O *site* trouxe a publicação da revista *American Journal of Clinical Nutrition*, mostrando uma pesquisa que acompanhou mais de 334 mil indivíduos ao longo de 12 anos. Durante esse tempo, eles mediram, periodicamente, peso, altura e circunferência da cintura. Além disso, dividiram os participantes, conforme a quantidade e intensidade de atividade física semanal. Ao final, os pesquisadores da Universidade de Cambridge, no Reino Unido, viram que a redução do risco de morte prematura era mais intensa quando comparados os inativos, quem praticava pouco exercício, a pessoas que já se exercitavam em menor ou maior intensidade. Os autores estimam que fazer o equivalente a apenas 20 minutos de uma caminhada rápida por dia — queimando em torno de cem calorias — já reduziria esse risco entre 16% e 30%. A mensagem que deixo aqui é simples: apenas uma pequena quantidade de atividade física por dia pode ter um impacto substancial nos benefícios de saúde para pessoas que hoje são fisicamente inativas, enaltecendo o que disse o professor Ulf Ekelund, autor do estudo feito na Universidade de Cambridge no Reino Unido.

> É impossível, disse o orgulho.
> É arriscado, disse a experiência.
> É sem sentido, disse a razão.
> Tente, disse o coração.

Adolescência saudável

Como sabemos, a adolescência é um momento importante da vida e, com certeza, marcante no desenvolvimento dos seres humanos. É uma fase de muitas incertezas que merece atenção, aliada às mudanças no corpo, que são muito visíveis e fáceis de notar. Mas, hoje, gostaria de chamar a sua atenção para as mudanças que acontecem e que, muitas vezes, são percebidas pela alteração no comportamento e por situações que colocam a vida em risco, por exemplo, o dia fatídico 13 de março 2019, que marcou nossas vidas para sempre, reconhecido na TV como "O Massacre de Suzano".

Quando vi a notícia, estava em Mogi das Cruzes e recebi a seguinte mensagem via *WhatsApp* "tiroteio em escola de Suzano". Fiquei muito apreensivo, interrompi a reunião e saí rapidamente em direção à escola do meu filho. Em 2018, uma policial havia atirado em um indivíduo que tentou assaltar uma mãe de aluno na porta dessa escola.

Naquele momento, pensei em se tratar de uma vingança, sei lá, foi um turbilhão de emoções. Chegando na escola, os pais estavam com muito medo e ainda sem saber o que havia acontecido. Muitos abraçavam seus filhos e, com lágrimas nos olhos, sentiam que algo muito ruim havia acontecido. O ataque na escola em Suzano foi a cerca de um quilômetro da escola de meu filho e ao vê-lo foi um alívio. A história que todos viriam a conhecer estava ali na nossa frente e, com certeza, mudaria nossas vidas e a de nossa cidade. Foram dias muito tristes em Suzano, deixo aqui meus sinceros pesares e essa homenagem aos familiares dos que tiveram suas vidas alteradas para sempre. Um dos alunos da Escola Raul Brasil, Caio Oliveira, estudante, tinha 15 anos, estava no primeiro ano do ensino médio e era fã de basquete e de *rap*.

Não seja vazio

No Facebook, o adolescente curtia diversas publicações da página oficial da NBA, principal liga de basquete do mundo, e de astros do esporte, como o ex-jogador americano Shaquille O'Neal. Em um texto de despedida, uma amiga do jovem conta que Caio "jogava muito bem" e não escondia isso de ninguém. Várias de suas fotos retratavam cestas e bolas de basquete. Caio Oliveira era fã de basquete e de *rap*. Além do esporte, o adolescente também amava tudo relacionado ao *rap*. Nas fotos em destaque do perfil, ele publicou três capas de álbuns do gênero: o clássico *Sobrevivendo no inferno*, dos Racionais MC's, *Sobre Crianças, Quadris, Pesadelos e Lições de Casa...*, de Emicida, e *Castelos e Ruínas*, de BK. Já duas de suas fotos de capa eram sobre o seriado *Um Maluco no Pedaço*, que alçou o ator Will Smith ao estrelato nos anos 1990 e abordava, além de temas raciais, a cultura do *hip hop*.

Claiton Antônio Ribeiro, estudante, 17 anos, aluno do 3º ano do ensino médio, foi descrito por amigos como um rapaz "muito tímido, quieto, simples e gentil". Ele era reservado, "sempre na dele" e não tinha o hábito de usar redes sociais. Uma colega de classe disse que o jovem era "um amor" e a pessoa "mais pura e inocente" que ela já havia conhecido. Claiton não era ligado a esportes ou gostava de sair: seu foco era o estudo. Estudioso, seu sonho era fazer faculdade.

Samuel Melquíades, estudante, 16 anos. Segundo relato de um tio, Samuel era um menino bom, educado, não era de balada, nem de confusão. Ainda de acordo com o familiar, o garoto frequentava a Igreja Adventista do Sétimo Dia. Samuel era muito próximo da família. Seu grande talento era hereditário: desenhar e pintar. O sonho do garoto era seguir a profissão do pai, artista. Na segunda-feira anterior ao massacre, ele e o pai haviam desenhado juntos pela primeira vez, durante uma viagem. Nas redes sociais, ele publicava fotos de seus desenhos, inclusive de personagens de *videogame*.

Douglas Murilo Celestino, estudante, 16 anos, foi o último a ter o corpo identificado pela Secretaria de Segurança Pública.

Ronaldo Pazini

Era um menino dócil demais, bem-criado. Kaio Lucas da Costa Limeira, estudante, 15 anos, menino estudioso, era muito ligado à Igreja — frequentava com a família a Igreja Cristã Mundial. Envolvido na música de sua congregação, era um jovem que tinha muitos planos. Nas redes sociais, se mostrava como torcedor do Real Madrid e lutador de judô.

Dono de loja de veículos, Jorge Antonio de Moraes, proprietário da Jorginho Veículos, foi baleado no escritório de sua concessionária. Ele é tio de um dos assassinos, que chegou a trabalhar na loja de carros. Jorge teria dispensado o trabalho do sobrinho recentemente, mas não se sabe se esse foi o motivo do crime. Era uma pessoa muito querida, tinha a loja de carros, ajudava muita gente. Era casado e tinha um filho de mesmo nome, que o ajudava na loja. O conforto é pensar que eles estejam em um lugar melhor agora. Conheci o Jorge pessoalmente, pois trabalhei por anos muito próximo da loja; seu filho "Jorginho" goleiro de muito talento, jogava futebol com nossa turma às terças-feiras e, após o ocorrido, contou com todo o apoio dos amigos.

A funcionária da escola, Eliana Regina Xavier, 38 anos, era agente de organização escolar. Foi lembrada por colegas como uma pessoa educada, simpática e acolhedora que fazia de tudo para ajudar alunos e professores. Segundo Camile Rocha, de 15 anos, Eliane acompanhava os estudantes nos intervalos de aula ou em sala, quando algum professor faltava ou se atrasava: — Ela era como uma mãe para a gente. Sempre aberta para falar de tudo: problemas pessoais, problemas de casa, diz a menina.

A coordenadora pedagógica, de 59 anos, era muito querida por alunos e professores. Segundo sua família, era uma defensora da educação. Em uma rede social, ao criticar a posse de armas, escreveu que a educação "é a melhor arma para salvar o cidadão". Sua última postagem no Facebook foi feita na noite de segunda-feira, quando replicou mensagens sobre a reforma da

Não seja vazio

Previdência e a Lava-Jato. Recentemente, falou sobre a tragédia de Brumadinho (MG), em que cobrou Justiça. Casada, deixa filhos e netos. Dentre esses, deixo aqui uma singela mensagem ao amigo Vinicius Umezu, a quem tive oportunidade de conhecer quando era responsável pelo grêmio da empresa Clariant na cidade Suzano e eu coordenador de esportes. Estive por várias vezes com Vinicius, este que sempre demonstrava muita educação, caráter e honestidade. Valores que visivelmente foram passados por sua mãe e seu pai Lauro. No dia do velório de sua mãe, estive na arena para lhe dar um abraço e dedicar minhas condolências à família. Por tudo que representaram na Educação de Suzano, recentemente em programa de rádio na emissora SAT FM, que é a rádio oficial de Suzano, dei a sugestão para que seja criado um instituto chamado "MARILENA UMEZU" com a finalidade de acolher crianças e jovens com atividades educativas, esportivas, artísticas e apoio psicológico e nutricional. Até a edição deste livro, o instituto não iniciou as atividades, mas tenho fé de que será uma realidade, pois as crianças e jovens envolvidos na tragédia precisam de apoio por toda a vida!

Na sexta-feira, ainda na semana da tragédia em Suzano, pensei em fazer uma aula diferente, mas o quê? Os alunos já haviam preparado uma belíssima homenagem em frente à faculdade, algo realmente muito emocionante e afetivo com canções, mensagens e soltando balões com os nomes das vítimas. Então, na minha aula, convidei um grande amigo chamado Rogério Rodrigues, talvez você não o conheça, mas se disser Rogerinho ou R9 você se lembre rapidamente. Rogério nasceu com uma deficiência física congênita que comprometeu a formação de sua perna esquerda. Rogério entrou na classe sendo muito aplaudido, mas muitos ainda não sabiam o que estaria por vir. Sua palestra foi muito inspiradora e mostrou toda a sua trajetória desde a infância até atualmente, como capitão da Seleção Brasileira de Futebol de Amputados. Hoje, ele é formado pela Universidade de Mogi das Cruzes e trabalha em uma grande empresa privada. Rogério conseguiu tocar o coração daqueles jovens injetando otimismo, esperança e motivação. Dentre suas histórias, contou quando sofria *bullying* na escola e onde morava, com apelidos pejorativos e desconfiança por parte daqueles que conviviam com ele. Mostrou a importância do apoio e da educação que sua família lhe dedicou, nunca o deixando desanimar e, acima de tudo, incentivando suas conquistas. Ele foi profundo ao dizer que a cada dia tinha que treinar mais e se dedicar mais do que os outros garotos, pois era o único a jogar de muletas. Todos os fatos narrados iam despertando a participação dos alunos que reconheceram ainda mais suas conquistas não só como um grande atleta, mas um grande cidadão. Hoje, Rogério é figura constante em eventos beneficentes sempre ao lado de Neymar, Ronaldinho Gaúcho, Denílson, Falcão (*futsal*), entre outros. Ao final, novamente Rogério foi aplaudido e muito requisitado para fotos com os alunos. Essa ação teve como objetivo levantar o moral dos alunos ainda muito abalados com os fatos em nossa cidade, gerando uma reflexão sobre as dificuldades que enfrentamos na vida e que precisam ser encaradas como desafios para ser superados.

> Quando se olhar no espelho pela manhã, diga: "eu tenho orgulho de você e da pessoa que está se tornando".

Envelheça ativamente

Em breve, um *app* instalado em seu celular irá realizar um exame detalhado de saúde. Com ele, será possível identificar mais de 50 possíveis doenças por meio de uma gota de sangue; o bafômetro testará sua respiração e o escaneamento da retina avaliará seu nível de estresse. Assim, será possível identificar qualquer desequilíbrio e agir na prevenção. Enquanto essa tecnologia não chega, vamos refletir sobre o envelhecimento ativo. A expectativa de vida do brasileiro, segundo o Instituto Brasileiro de Geografia e Estatística (IBGE), é de 76,1 (76 anos e 1 mês), sendo 79,4 para mulheres e 72,9 para homens. De fato, estamos vivendo mais e este texto traz à luz a compreensão sobre como podemos alcançar a longevidade de forma plena e saudável.

Na contramão dessa longevidade, passeando pelos corredores dos hospitais, vemos muitos idosos sofrendo em razão do aumento das doenças não transmissíveis (DNTs) que estão diretamente ligadas ao estilo de vida. Dentre as DNTs mais comuns estão as doenças cardiovasculares, pressão alta, diabetes, obesidade, artrite, alguns casos de câncer e a depressão.

Para que haja um envelhecimento saudável, a conscientização e a prevenção são as melhores ferramentas. Os conceitos que precisam ser difundidos para a população devem incluir programas que estimulam a prática de atividade física, alimentação saudável, cuidados com a saúde bucal, educação financeira, campanhas contra o alcoolismo e o combate ao isolamento social, uma vez que a falta de motivação, de confiança e as baixas expectativas são fatores que afligem os mais velhos.

Caro leitor, aproprie-se desses conteúdos, imagine-se cheio de saúde para fazer o que mais gosta! A parcela de

Não seja vazio

idosos que vivem sozinhos triplicou em 20 anos e é uma tendência. Envelhecer ativamente sem perder a autonomia é a capacidade de viver independentemente, sem precisar de ajuda dos outros para os afazeres diários.

Fica claro que, para garantir uma boa qualidade de vida no futuro, devemos começar já a nos preocupar com a manutenção de hábitos saudáveis, a saber: cuidar do corpo, uma alimentação equilibrada, exercício físico, relações saudáveis, ter tempo para realizar atividades de lazer e vários outros hábitos que propiciem à pessoa bem-estar e qualidade de vida.

A promoção da saúde é o processo que visa aumentar a capacidade dos indivíduos para controlarem a sua saúde, no sentido de melhorá-la. Para atingir um estado de completo bem-estar físico, mental e social, o indivíduo deve ser capaz de identificar e realizar os seus desejos, satisfazer as suas necessidades e modificar ou adaptar-se ao meio. Ser saudável é um caminho que se traça diariamente nas mais pequenas escolhas que fazemos. Opte por uma vida mais plena e surpreenda-se com as diferenças que alguns gestos podem fazer.

Ser saudável não se limita àquilo que vemos no nosso corpo. Sentir-se bem e feliz é uma parte importante da saúde e do bem-estar que não deve ser descuidada.

Encontre tempo para si e para quem gosta, dedique-se a novos *hobbies* e torne o tempo de lazer tão importante quanto o tempo que passa no trabalho. Alie a saúde à beleza. Embora seja importante gostarmos do nosso reflexo no espelho, é também fundamental não cair em extremismos. Dietas loucas não só podem ser perigosas como também se tornam difíceis de cumprir.

Aprenda a combater o estresse, pois reduzindo seus níveis, você diminui a probabilidade de sofrer de problemas como a hipertensão, alergias, infecções causadas por baixa imunidade além de melhorar sua qualidade de vida. A saúde física afeta, diretamente, a sua qualidade de vida. É fato que atividade física melhora a condição de saúde e a qualidade de vida. Da mesma forma, existe uma relação entre uma correta alimentação e a qualidade de vida. A qualidade de vida e a alimentação saudável são conceitos diretamente relacionados. Ter uma alimentação saudável e equilibrada é fundamental ao seu bem-estar. Quando seu corpo recebe as quantidades ideais de nutrientes e vitaminas de que precisa, a sua saúde física melhora e, consequentemente, aumenta a qualidade de vida.

> O homem de 30 anos deve estar envolvido com responsabilidades sociais e familiares. Aos 40 ele deve ter adquirido a certeza da direção e do valor de seus empreendimentos e não ter mais a dúvida que assalta os jovens no início da carreira e da vida familiar. Aos 50 o indivíduo torna-se atento aos desígnios dos céus e assim transcende as preocupações materiais e individuais. Com 60 anos ele aceita a vida como ela é, abandonando uma perspectiva restrita e pessoal e percebendo o grande plano divino. Aos 70 anos ocorre uma total transcendência, os desejos dele e os do céu se unificam, não havendo separação entre suas ambições pessoais e os comandos divinos. (NERY, 1993).

Melhore sua condição de saúde física, tenha uma vida mais saudável. Uma correta promoção da saúde promoverá a sua qualidade de vida.

Faça isso! Medite, esteja com a família e amigos, viaje, tenha gratidão, ajude os outros, sorria mais, faça exercícios regularmente, durma bem, more perto do trabalho. Faça isso, depois me conte o que aconteceu com você. Use a #naosejavazio.

Você cuida de seu meio ambiente?

Hoje, mais do que nunca, notamos que há uma preocupação crescente com o homem para que tenha uma vida com qualidade. Quando falamos sobre o meio ambiente, precisamos entender que somos organismos vivos e que precisamos estar em harmonia com a natureza. A célebre frase do naturalista britânico Charles Darwin "Não é o mais forte que sobrevive, nem o mais inteligente, mas o que melhor se adapta às mudanças". Nunca foi tão atual, não é mesmo?

A nossa qualidade de vida depende do estado em que o meio ambiente se encontra, ou seja, precisamos de ar, água, alimentos, elementos essenciais para a sobrevivência, daí ser fundamental um meio ambiente ecologicamente equilibrado e que garantamos a sua sustentabilidade.

Quando falo aqui em meio ambiente, estou relacionando a tudo o que nos rodeia, logo, a nossa qualidade de vida está diretamente associada à qualidade do meio ambiente que rodeia as pessoas. Desse modo, a preservação do meio ambiente é um importante fator para aumentar a qualidade de vida das pessoas. Vamos pensar em uma situação muito comum em nosso país, diversas cidades são extremamente poluídas e não possuem espaços verdes. Certamente, esses são fatores que geram muitas doenças e não produzem sentimentos de bem-estar nas pessoas. Pense em alguém que sai para correr todas as manhãs, quando opta por fazê-lo num espaço verde, une os benefícios do exercício físico a um local de ar puro, tornando a sua atividade muito mais agradável e saudável.

Uma pessoa quando realiza uma massagem e pode usufruir simultaneamente dos sons da natureza, consegue tirar ainda mais proveito do seu momento de relaxamento. Entre

Não seja vazio

vários outros fatores, é preciso preservar e respeitar o meio ambiente para garantirmos a nossa qualidade de vida. Assim, para isso, devemos ter atitudes mais assertivas e protetoras, no sentido de tornar o local onde vivemos um espaço melhor tanto para nós como para as próximas gerações.

> Quem vive cercado de matas tem mais chance de desenvolver espontaneamente essa ferramenta do que quem vive numa floresta de concreto. Nela, não são poucos os que precisam de grandes estímulos (aplausos, reconhecimento, sucesso) para sentir migalhas de prazer, o que compromete gravemente os níveis de satisfação, estabilidade e maturidade psíquica. (CURY, 2011, p.15).

Assim, não se pode falar de saúde desvinculada do meio ambiente, pois sempre que o melhorarmos estaremos protegendo nossa saúde física, mental e espiritual. Promova pequenas ações diárias dentro de sua casa, condomínio e comunidade. Separe seu lixo, leve para reciclagem! Se não existir coleta seletiva, solicite à prefeitura. Nas escolas, o cultivo de hortas com manejo dos alunos e ensinar desde pequenos a utilizar integralmente os alimentos e os recursos naturais são exemplos que contribuem para a formação de uma sociedade mais consciente e um futuro mais responsável.

> Você é uma pessoa iluminada, perceba isso e acabe com toda a sombra que está por perto.

Não perca sua noite de sono

Como relatei anteriormente, sobre minha jornada no início deste livro, em determinada fase de minha vida trabalhei no período da madrugada, fiquei por dois anos dormindo muito mal. Era jovem, sempre pratiquei esportes, tinha um ótimo condicionamento físico e comecei a sentir na pele a ausência de boas noites de sono. Com o tempo, me sentia muito cansado, percebi que estava sempre com dores musculares, constantemente gripado e sentia dores de cabeça. Hoje, entendo o que houve comigo e deixo aqui uma contribuição para aumentar sua percepção sobre esse hábito.

De acordo com um estudo realizado pela Universidade de Michigan, nos Estados Unidos, dormir bem faz toda diferença para a nossa saúde, não só em manter o bom humor e evitar aquela dorzinha de cabeça incômoda como também para controlar o açúcar e o metabolismo do corpo. O estudo feito pela universidade americana apontou que os brasileiros se enquadram na população dos que menos dormem no planeta, com uma média de 7 horas e 36 minutos por noite, o que pode acarretar em um impacto negativo no organismo, como, por exemplo, comer demais e bagunçar o DNA. A privação do sono é prejudicial ao cérebro, porque incentiva o pensamento negativo repetitivo. As pessoas que conseguem "dormir bem" apresentam uma melhora significativa contra a insônia, a depressão e a ansiedade, conseguem controlar o peso, o humor e evitar a diabetes.

Dormir pouco ou irregularmente confunde o relógio biológico,

Não seja vazio

> deixando-nos com a sensação de cansaço, reduzida capacidade de trabalho, mau humor, menor capacidade de concentração, e maior risco de acidentes. (NAHAS, 2006, p. 211).

As noites mal dormidas não significam que a pessoa terá uma doença mental, mas o risco de fato aumenta. O ideal para uma pessoa adulta é dormir de oito a nove horas por dia. Levando-se em conta que cada indivíduo tem a sua necessidade, que depende de seu estilo de vida, metabolismo e homeostase, um estado de equilíbrio e estabilidade que o corpo adquire com o chamado sono glas "zen".

De acordo com a Academia Brasileira de Neurologia, existem algumas ações que ajudam a conseguir uma boa noite de sono, são elas: apagar as luzes dos ambientes, não ingerir alimentos de difícil digestão e não exagerar em quantidade. Desligue o celular ou deixe longe da cabeceira da cama, evite dormir com a TV ligada, vede as janelas para não ser acordado pela luz da manhã, tome um banho quente para ajudar a relaxar antes de dormir, siga uma rotina diária de sono, procure utilizar colchões confortáveis e silenciosos.

> Evite sentimentos corrosivos como o rancor, a raiva e as mágoas, que nos tiram noites de sono e em nada afetam as pessoas responsáveis por causá-los.
>
> Friedrich Nietzsche

O Coaching para vencer o vazio

Como preencher o vazio existencial?

Provavelmente, você tenha assistido o filme da década de 1980 *História sem fim*, no qual o protagonista Bastian enfrenta o "Nada" o "Vazio". O longa-metragem é uma ficção e se passa num mundo de fantasia, no entanto, o "Vazio" assombra muitas pessoas e, nesse sentido, o *Coaching* pode contribuir de maneira significativa para solucionar a questão. Responda verdadeiramente, você já se sentiu desconsolado? Sozinho? Triste? Tenso? Ansioso? Entre outras emoções negativas? A gestão das emoções é um grande desafio. Um profissional de *Coaching* devidamente habilitado pode ajudar no gerenciamento das emoções, até auxiliar na questão do vazio. Um *coach* possui ferramentas para ajudá-lo a entender esse sentimento, para que possa preencher o vazio que está no recipiente, ou seja, em você mesmo.

Descrever o processo de *Coaching* é desafiador, pois as palavras têm limites, e os seus resultados podem ser ilimitados.

Para iniciarmos a reflexão em torno do tema, podemos considerar que *Coaching* "é um processo interativo que fomenta a autoconsciência e a responsabilidade do cliente, potencializando seus talentos e aptidões para maximizar seu desempenho e impulsionar as mudanças através de ações concretas, criando um *momentum* (força adquirida pelos movimentos e pelo desenvolvimento de eventos) que possibilita ao cliente seu desenvolvimento." (PAIVA; MANCILHA; RICHARDS, 2011, p.7).

Conforme descrito pelos autores, o *Coaching* desperta a consciência do *Coachee* (cliente) frente os resultados da vida,

Não seja vazio

auxilia o autoconhecimento para identificar seus talentos, ajuda na definição de objetivos, metas e ações efetivas para seu desenvolvimento e o alcance dos resultados esperados. É relevante destacar que, durante toda a escrita, utilizei a palavra *Coaching* com "C" maiúsculo tendo como pressuposto a lição de DILTS:

> O primeiro modo é o *coaching* comportamental para ajudar alguém a conseguir uma meta, objetivo ou ter um desempenho particular; e sua origem vem do treinamento esportivo. Já *Coaching* com "C" maiúsculo tem a ver com "atingir propósitos num nível bem abrangente, com mudanças gerativas, desenvolvimento e reforço da identidade e de valores, trazendo sonhos e metas para a realidade". Isso envolve habilidades de *Coaching* com "c", mas também inclui muito mais. (DILTS apud PERCIA, 2012, p.21).

O *Coaching*, aqui considerado, tem uma atuação profunda, conforme destacado pelo autor, que permite fazer as pessoas e organizações alcançarem os resultados desejados, promovendo substancialmente a possibilidade de transformar estagnação em ação, medo em coragem, sonhos em realidade, vontade em estratégia, ideias em realização, pensamento em atitude, raiva em perdão, ingratidão em gratidão, conflito em conciliação e muito... muito mais...

O *Coaching* permite ampliar sua percepção sobre a realidade e as possibilidades, promove o autoconhecimento para despertar o seu verdadeiro potencial, transformando limitações em decisões, fazendo-o repensar de crenças, inventariando e

Douglas De Matteu PhD

alinhando os seus valores pessoais e, principalmente, fazendo o seu cliente, o *Coachee*, encontrar o seu propósito de vida.

O *Coaching* é um processo líquido, assim como a água que se adéqua ao formato do recipiente em que é colocada, o processo de *Coaching* se molda a cada cliente.

Da mesma maneira que a água é considerada um solvente universal, penso, vejo, ouço e sinto o *Coaching* como um solvente universal. Da mesma forma que a água dissolve substâncias químicas, o *Coaching* pode fluir em você e eventualmente dissolver frustrações, inseguranças, raiva, medo, inveja e tantas outras substâncias tóxicas que algumas pessoas acumulam no decorrer da vida. Uma vez que a mente e o coração foram limpados, o processo de *Coaching* possibilita a construção de vida mais significativa e feliz.

Eventualmente, as experiências de vida podem construir uma represa em sua mente, que pode reter sonhos, talentos e até a felicidade. O *Coaching* pode ser uma solução.

O processo de *Coaching* permite um profundo mergulho no seu eu... que possibilita encontrar a sua melhor versão, polir o diamante bruto que existe em cada indivíduo, transforma potencial em potência, insatisfação em satisfação, desmotivação em energia para realizar, dúvidas em decisões.

As ferramentas e a metodologia *Coaching*, já sinalizadas anteriormente, permitem que você olhe para um espelho que revela seus pensamentos, sentimentos e comportamentos. Por meio desse prisma consciente, possibilitam que tome decisões alinhadas com quem você é e/ou quem você quer se tornar, substituindo crenças limitantes por potencializadoras, alterando o *mindset* (modelo mental) de replicador para pensador, de expectador para protagonista.

O *Coaching* permite alcançar seus objetivos, porém aqui quero que o considere numa perspectiva mais ampla, como uma nova forma de ver, ouvir, sentir e interagir com o mundo.

Não seja vazio

A principal ferramenta do profissional de *Coaching* é o repertório de perguntas que levam à reflexão, conscientização e, posteriormente, à ação. Cada pergunta proferida mergulha na mente do *Coachee* (cliente) e pesca possibilidades infinitas existentes no mar de pensamentos, emoções que a mente represa. É a possibilidade de encontrar as peças para montar o quebra-cabeça do "eu verdadeiro", integrando todas as partes, encaixando para confeccionar uma linda e completa imagem do seu "eu".
Permita-se ler e responder cada questionamento.

Já não vivo mais o mundo do "achismo",
hoje eu faço perguntas.

Sete chaves para preencher o vazio

As sete chaves a seguir podem abrir uma fonte de energia, significado que pode realmente preencher o eventual vazio existencial, cada indivíduo pode ser aberto, ou acessado por uma ou mais chaves, as chaves não são excludentes, elas não estão organizadas por importância, estão apenas disponíveis para você ler e se permitir ser tocado.

1ª Chave: tenha um objetivo
Uma maneira efetiva para preencher o vazio existencial é encontrar um objetivo que o motive a trabalhar, imagine os sentimentos atrelados à conquista.

2ª Chave: tenha um propósito de vida
Uma alavanca poderosa para se viver é uma missão, um propósito, um porquê, um motivo que energiza seu coração, que faz os olhos e a mente brilharem. Um motivo que tenha um significado íntimo, profundo, que possa gerar um legado para humanidade, para sua cidade, família. Que faça você sentir vivo, útil e imparável. O *coach* é um profissional que pode ajudá-lo nessa jornada para descobrir o nseu propósito de vida.

3ª Chave: Deus / espiritualidade
Existe um vazio que somente Deus pode preencher no coração do homem, ao desenvolver sua espiritualidade, alimentando-se da palavra de Deus, ao conectar-se com o criador, transformando a fé em ação, poderá acessar um nível infindável de energia e significado, preenchendo o seu vazio e transbordando amor.

Não seja vazio

4ª Chave: faça trabalho voluntário
Outra maneira efetiva para preencher o vazio é fazendo trabalhos voluntários — um asilo, crianças carentes, pacientes de doenças terminais. Fazer o bem, doar amor, promove um fluxo de significado e preenchimento de um eventual vazio.

5ª Chave: sua origem
Em alguns casos, o indivíduo precisa descobrir sua origem, quem são seus pais — seu pai, sua mãe —, sua família, quando se reconhece a sua raiz, pode possibilitar o florescer do significado da vida. Entender que existem raízes, reconhecer pai e mãe, faz toda a diferença para algumas pessoas que ainda não descobriram. Recomendo que busque essa informação, mais do que isso, agradeça à vida que passa por seus pais. Descobrir a família a que pertence pode dar significado à vida.

6ª Chave: perdão e gratidão
Muitas vezes, o perdão e a gratidão são ingredientes que podem preencher o vazio, pois o perdão limpa as emoções, a mente, o cérebro, o coração e o corpo. Isso já foi evidenciado nos estudos da psicologia positiva. Faça uma investigação na sua história de vida e perdoe as pessoas. Principalmente, perdoe a si mesmo. Outro caminho importante, e jamais excludente, faça um caderno de gratidão, escreva ao menos 21 gratidões por 21 dias. E veja, ouça e sinta os resultados na sua vida. Permita-se.

7ª Chave: encontre o seu amor
O amor é uma chave mestra, que acessa uma fonte de energia que brilha, aquece e oferece significado imenso, o amor pode dar significado à vida. Amor para com sua família, esposa, marido, filhos entre outros. Amor é o sentimento mais nobre e mais poderoso. Amar e ser amado preenche o vazio.

Ferramenta "Perguntas poderosas para 7 chaves contra o vazio":

- Qual o seu objetivo de vida?
- Como deseja estar daqui a 3 anos? 5 anos? 10 anos?
- De quem é a responsabilidade para alcançar seus objetivos?
- O alcance dos seus objetivos vão beneficiar outras pessoas? Quais?
- O que você pode fazer para deixar uma marca indelével no mundo?
- O que faz seus olhos brilharem? O que faz o seu coração pulsar mais forte?
- Quais são as competências principais e como elas podem impactar a sociedade?
- Qual o seu propósito de vida?
- O que significa Deus para você?
- Como você se relaciona com Deus?
- Qual espaço/tempo você dedica para a sua espiritualidade?
- Como Deus pode preencher o seu vazio?
- O que é trabalho voluntário?
- Que tipo de trabalho voluntário você poderia fazer?
- Quando vai fazer? Defina data, hora e faça.
- Quem é seu pai? Quem é sua mãe? (se não souber a tarefa é buscar saber)
- Você foi um filho desejado? Como é seu relacionamento com eles?
- Como você pode honrar seu pai e mãe e agradecer por sua vida? Ações efetivas.

Não seja vazio

- De quem você ainda guarda raiva, mágoa ou ressentimento?

- Faça hoje o exercício do perdão, perdoe essa pessoa, ligue para ela e diga algo de positivo que ela fez por você, ou faça uma carta/*e-mail* e envie, ou ore por essa pessoa. Qual das opções você escolhe?

- Faça o seu caderno de gratidão por 21 dias.

- Busque um amor verdadeiro, pode ser alguém do passado ou do presente, se opções estiverem limitadas, crie estratégias para conhecer novas pessoas e possibilidades (busque ajuda profissional, se necessário).

Essas perguntas são um ponto de partida, busque um *coach*, se necessário, para potencializar o exercício.

> Coaching não é apenas alcançar um
> determinado objetivo, mas também
> a qualidade de vida, o bem-estar
> e a felicidade vivida ao longo da jornada.

Coaching e a qualidade de vida

Qualidade de vida e bem-estar começam na sua mente e são definidos nas suas ações cotidianas. O nosso olhar por meio das lentes do *coaching* pode contribuir de maneira singular:

Além do alimento de qualidade contribuir com sua saúde e com a qualidade de vida, quero sinalizar a qualidade do alimento que coloca em sua mente. Da mesma maneira que o corpo precisa de nutrientes, a mente também é alimentada pelos seus pensamentos e, principalmente, pelo que acessa a sua mente por meio dos seus cinco sentidos: a visão, o olfato, o paladar, a audição e o tato são as vias que acessam a mente.

Você colocaria lixo ou comida estragada na sua geladeira? Metaforicamente, sua mente é como geladeira, se colocar morangos nela, todos os dias, quando abrir vai encontrar morangos, você colocaria comida estragada, ou lixo junto aos morangos? Creio que não. Porém, analise com critério: o que você tem colocado na sua mente? Os cinco sentidos nutrem sua mente e constroem sua realidade, principalmente aquilo que você ouve e vê, comece hoje mesmo a selecionar o que vai colocar na sua geladeira (a mente).

Faça um regime de palavras negativas agora! Comece com sete dias e verá a diferença, depois amplie para 21 dias, para construir um novo hábito. Quando fala algo negativo o primeiro a ouvir é você mesmo.

Substitua palavras carregadas de sentimentos negativos por outras com sentimentos neutros ou positivos:

Não seja vazio

Em vez de:	Altere para:
Problema.	Desafios.
Frustrado.	Fascinado, curioso.
Irritado.	Estimulado.
Eu odeio.	Eu prefiro.
Rejeitado.	Ignorado, subapreciado, mal compreendido.
Deprimido.	Prestes a dar uma virada, calmo antes da ação.
Furioso.	Contrariado.

Fonte: Anthony Robbins, 2015 – Adaptado.

> As palavras que escolhe sistematicamente moldam quem você é, como será sua realidade, seu estado emocional e, consequentemente, os seus resultados.

Novas perspectivas da qualidade de vida

No contexto da administração de empresas, existem duas perspectivas clássicas no que tange à qualidade — a qualidade real e a qualidade percebida. Uma está ligada diretamente a referências de qualidade com parâmetros objetivos, e normalmente documentados, ou seja, estar alinhado com as métricas, procedimentos e manuais que estabelecem padrões de entrega que dependem muito mais da empresa ou produtor. O outro está conectado ao consumidor, ou seja, quem recebe o serviço ou o produto. Nesse sentido, aspectos subjetivos e pessoais influenciam na percepção da qualidade, ou seja, no estado emocional do próprio indivíduo.

Se você estiver estressado, magoado, ao ler esta obra, isso pode afetar a sua percepção sobre a qualidade dela, mesmo o livro tendo sido escrito atendendo a critérios científicos, passado pela revisão, sido impresso num material de qualidade entre tantos outros requisitos objetivos. Diante do exposto, quando você não está bem... nada mais fica bem... Que tal se cuidar? Para ampliar a sua percepção frente à qualidade de vida, ofereço algumas recomendações:

Qualidade de vida é ter tempo

Qualidade de vida é sinônimo de gerenciar o tempo, e ter tempo livre, tempo para descansar, pensar, relaxar, e jamais ser escravo do relógio, porém é responsabilidade com prazos e compromissos. Qualidade de vida é conseguir priorizar o que é importante, relevante para você. Qualidade de vida é conseguir dizer não para algumas pessoas e situações. Você tem tempo?

Não seja vazio

Qualidade de vida é estar com quem você ama
Como seria viver sozinho? Sem família e sem amigos? Às vezes, algumas pessoas em sua jornada de vida priorizam mais as coisas do que as pessoas e essa decisão pode ser custosa — correr o risco de ser exitoso nos projetos de vida e ficar longe de quem ama, definitivamente, não é qualidade de vida. Qualidade de vida é ter tempo de qualidade com quem você ama, sejam familiares, pai, mãe, irmãos, filhos, primos, parentes e amigos(as).

Qualidade de vida é saber equilibrar vida pessoal e profissional
"O que vale o sucesso profissional, se você tiver o fracasso familiar ou da sua saúde?". Essa frase de Erico Rocha sinaliza a relevância de existir um fino equilíbrio entre sua vida profissional e pessoal — uma grande falácia é dizer que o que acontece a nível pessoal não deve influenciar o profissional. Essa ideia pode parecer correta, porém a verdade é que você é único, um indivíduo, e o que acontece em uma esfera impacta na outra. Fazer a gestão é um desafio, porém, com diligência e sabedoria, é possível.

Qualidade de vida é amar o seu trabalho
O Instituto Gallup realizou uma pesquisa em mais de 140 países e concluiu que somente 13% dos empregados estão emocionalmente comprometidos, ou seja, engajados no trabalho e no crescimento da empresa. Essa pesquisa evidencia uma triste realidade no que tange a se sentir realizado na sua carreira. Quantas pessoas você conhece que verdadeiramente amam o trabalho? Você tem opções. Escolha um trabalho que ame ou ame o trabalho que tem, tal decisão será decisiva para a sua qualidade de vida. Faça a escolha.

Qualidade de vida é usar a tecnologia sem ser escravo dela
Vivemos a quarta revolução industrial, o intensivo de

sistemas informatizados e equipamentos eletrônicos torna-se onipresente na sociedade contemporânea e com perspectivas de crescimento exponencial nos próximos anos, *internet* das coisas, biotecnologia, robótica, inteligência artificial, realidade virtual e aumentada etc. De um lado, muitos criticam o uso excessivo dessas tecnologias e o impacto nos indivíduos; do outro; defendem um ser humano hiperconectado. Qualidade de vida é saber usar a tecnologia como facilitadora do dia a dia, porém sem ser escravo dela. É um ferramental importante e devemos saber interagir de forma eficiente, eficaz e equilibrada.

Qualidade de vida é fazer as pazes com o seu passado

Há quem guarde e ou colecione figurinhas, selos, fotos, livros entre outros, porém há também aquele que coleciona mágoas, frustrações, culpa, remorso, raiva, arrependimento. Colecionar esses sentimentos é extremamente prejudicial para sua saúde emocional e física. Perdão e gratidão são as emoções que podem higienizar a sua vida — primeiro se perdoe, autoperdão é libertador, em seguida as outras pessoas. Estabeleça aprendizados diante das situações adversas de vida e agradeça até mesmo as situações que pareçam ser negativas, pois podem trazer crescimento e desenvolvimento. Se considerar essa atividade desafiadora demais, solicite a ajuda de um *Coach*, terapeuta ou psicólogo. Aumente a sua espiritualidade para ajudar nessa tarefa que vai gerar um salto na sua qualidade de vida.

Qualidade de vida é viver de acordo com sua renda

Ser rico é viver dentro das suas possibilidades, ser rico pode significar para você ter muito dinheiro, bens, entre outros, e está correto, mesmo no dicionário quando se busca a palavra rico, se transcende para: ser produtivo, fértil, precioso, abundante, valoroso. Em sua etimologia, a palavra está ligada a ser poderoso, ou seja, aquele que tem o poder. Co-

Não seja vazio

mece a usar o poder que você tem para viver, conforme sua produtividade e com sua capacidade de gerar renda. Quer aumentar a sua renda? O que você tem feito para ser mais produtivo? Tem estudado?

Qualidade de vida é investir em educação

Você pode mudar sua renda, suas escolhas, seu mundo, pode ter mais conforto e possibilidades para conquistar tudo isso e muito, muito mais, mas é fundamental estar disposto a aprender constantemente. Se fosse fácil, todos já teriam conquistado a vida que desejam, e muitos dos que alcançaram foi pelo fato de saber algo que você ainda não sabe. Gosto da frase de Aristóteles "O segredo do sucesso é saber algo que ninguém mais sabe". Se você sabe o que grande maioria sabe e faz o que a grande maioria faz, por que acha que vai conquistar o sucesso que deseja, ou os resultados que almeja? Existem muitas possibilidades de investimento para lucrar na vida, porém um geralmente dá resultado significativo — educação. Quanto você investe por mês em educação? E por ano?

Qualidade de vida é investir de maneira inteligente na sua alimentação

Há quem invista em educação e, consequentemente, selecione e nutra o cérebro com as melhores informações, mas negligencie seu corpo no que tange à alimentação. Não sou a favor de extremismos, mas uma alimentação saudável é fundamental e, como já destacado anteriormente, alimentar-se bem envolve investimento. Muitos falam "é caro", mas, como diz minha esposa Ivelise, "caro é comprar medicamento e a conta do hospital", a natureza oferece uma gama de variedades incontestáveis, porém, muitas vezes, pouco conhecidas. Somente como exemplo de algo que possui um excelente custo benefício, a espirulina (ou spirulina) é uma alga azul, conhecida como superalimento, também denominado "alimento do futuro" pela Organização das Nações Unidas (ONU), recomendada pela Organização Mundial da Saúde (OMS) e até a National Aeronautics and Space Administration (NASA) a utiliza, pois é rica em vitaminas A, B1, B2, B5, B6 e ácido fólico, assim como nas vitaminas E e H. Sabe-se, também, que a *spirulina* é a fonte natural mais rica em vitamina B12 e em iodo, agentes oxidantes, entre outros, e tem um custo relativamente baixo. Já conhecia? Evidentemente que a proposta aqui não é a recomendação do uso de um ou outro produto, você deve buscar orientação profissional especializada sobre como montar o seu cardápio, porém aqui é um alerta para que dê uma atenção especial a sua alimentação, invista no alimento e também em um profissional que possa orientá-lo.

Qualidade de vida começa na família

Qualidade de vida começa na família, um conjunto significativo sobre quem você é e como interage com o mundo. Tudo isso deriva do que aprendeu no contexto familiar, pela convivência, pelas regras formais e informais, pelos costumes que nortearam a sua forma de viver e que, de certa maneira, mostra como sua família interage com a qualidade de vida. Lembre-se de que você pode mudar essa história e dar mais ênfase ao seu bem-estar e qualidade vida, porém, se não o fizer, provavelmente "amaldiçoará" seus descendentes com o seu comportamento cotidiano. Qualidade de vida é aprendida na família.

Qualidade de vida não é somente uma dimensão da sua vida, uma disciplina que você estuda, é a sua própria vida.

Qualidade de vida é ter relacionamentos saudáveis

Responda verdadeiramente: como estão os relacionamentos? Você se relaciona com pessoas positivas? Existem aproveitadores e/ou vampiros emocionais perto de você? Escolher com sabedoria as pessoas com as quais se relaciona

Não seja vazio

contribui positivamente a sua qualidade de vida. Lembre-se, você é média das pessoas com quem passa mais tempo — se vive com indivíduos perversos, logo se tornará como eles. Se anda com "perus", assim também será, mas, se deseja ser uma águia, ande com as águias.

Qualidade de vida é gerenciar pensamentos e emoções
O que acontece se você não controlar os gastos com o cartão de crédito? Talvez receba uma fatura maior do que a sua renda... logo, é fundamental gerenciar a sua vida financeira; o mesmo vale para seus pensamentos e emoções — se não controlar o que pensa e sente, logo será controlado pelas emoções. Dominar a sua própria mente e suas emoções é uma tarefa desafiadora, porém quem aprende vive uma vida diferenciada. É possível! Invista tempo, treine, busque livros e cursos a respeito ou contrate um profissional para ajudá-lo nessa importante habilidade.

Qualidade de vida é sorrir e ter bom humor.
Qualidade de vida é se permitir a novas experiências.
Qualidade de vida é cuidar de você!
Qualidade de vida é ter momentos de lazer.
Qualidade de vida é viajar.

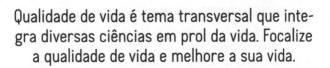

Qualidade de vida é tema transversal que integra diversas ciências em prol da vida. Focalize a qualidade de vida e melhore a sua vida.

Seu perfil comportamental e qualidade de vida

Primeiro, você aceita quem é, sua história e seu perfil, depois permita-os crescer e decida quem quer se tornar.

Aceite quem você é e mude o que quer.

nfelizmente, as pessoas têm a prática equivocada de se comparar com outrem — sabe a história que a grama do vizinho sempre será mais verde? Sempre haverá alguém mais rico do que você, mais bonito do que você, entre outros pontos... Compare-se com quem era ontem, e assim poderá medir o seu crescimento.

Cada indivíduo tem suas características singulares, habilidades inatas, ou seja, que já nascem com ele e, também, pontos a serem desenvolvidos. Uma estratégia efetiva para a identificação dessas habilidades é por meio de ferramentas (*Assessment*) que identifiquem o seu perfil comportamental, tais como SysPersona, DISC, SOAR entre outras, que categorizam o perfil, conforme o quadro grandes temperamentos:

- DOMINANTE;

- EXTROVERTIDO, também denominado INFLUENTE;

- Paciente, ou PLANEJADOR ou ainda estável;

- Analítico ou CONFORMIDADE conforme descrito a seguir:

Não seja vazio

DOMINANTE	EXTROVERTIDO INFLUENTE	PACIENTE ESTABILIDADE PLANEJADOR	ANALÍTICO CONFORMIDADE
Direcionado para resultados	**Direcionado para pessoas**	**Direcionado a ser eficiente e planejador**	**Direcionado a fazer certo as coisas**
Fica entediado facilmente; Gosta de desafios e mudanças; Avalia-se pelas suas realizações; Gosta de respostas diretas; Detesta indecisões; Possui elevada autoconfiança; Gosta de arriscar; Possui alta expectativa em relação aos outros e a ele próprio; É rápido e impaciente; Pode ser enfático e exigente; Decidido.	Prefere liberdade a detalhes e controles; Usa bem a intuição; Simpático(a); Amigo(a); Popular; Excelente; Comunicação verbal; É confiável; É persuasivo e carismático; Tende a agir por impulso e emoção; Autoconfiante e se autopromove; Geralmente é entusiasta; Encoraja as tomadas de decisão da equipe; Alegre.	É tendencioso a relacionamentos profundos; É resistente a mudanças de última hora; Evita conflitos; Pacificador nato; Bom ouvinte; Gosta de se identificar com a empresa; Deseja paz e harmonia; Prefere um ambiente estável; Busca a lealdade Valoriza a atmosfera calma e relaxada; Importa-se com a equipe; Pode ser metódico; Persistente.	É organizado e voltado para o processo; Tende a ser perfeccionista; É sistemático nos relacionamentos; Valoriza a verdade e a precisão; Exige um alto padrão de si mesmo e dos outros; Tem a tendência a se preocupar e querer todos os detalhes e fatos; Suas decisões são baseadas na lógica; Não expressa sua opinião, a menos que tenha certeza; É racional e traça planos para resolver os problemas com qualidade.

Fonte: MATTEU; PORTIGLIATTI, 2015 – Adaptado.

Douglas De Matteu PhD

Cada indivíduo tem a combinação única dos quatros perfis e um analista comportamental pode evidenciar esse resultado em uma devolutiva personalizada ao evidenciar quais são suas principais virtudes e direcionar sua carreira com mais efetividade, gerando maior significado e satisfação frente a sua própria vida. Investir em perfil comportamental é investir em si mesmo, em autoconhecimento, algo fundamental para se conquistar maiores e melhores resultados na vida.

Quando você conhece o seu perfil e tem apoio de um analista comportamental, ou um *coach*, você se aceita como é, e escolhe precisamente que tipo de mudança comportamental deseja implantar na sua vida. Suas habilidades inatas são pontos de partida, jamais um ponto final.

Aprenda a identificar as variáveis que você controla e as que não controla, aceite o incontrolável e ajuste o que pode controlar. Você não controla outras pessoas, pode apenas influenciá-las; os demais só vão ter controle sobre você, se permitir. Ou você assume o controle da sua vida ou será um eterno boneco de marionete guiado pela mão invisível de outras pessoas, da mídia e dos sistemas.

É fundamental encarar e aceitar a realidade como ela é e, a partir desse pressuposto, criar estratégias para lidar com a realidade. Lembre-se de que fato é fato, significado é você que dá.

> Existem dois dias fundamentais na sua vida: quando você nasce para o mundo e quando nasce para si mesmo, que é quando descobre quem você é, quais são suas principais habilidades e o seu propósito de vida.

CUIDADO com as soluções malucas para alcançar a qualidade de vida

Você contaria os grãos de areia do deserto? Contaria as folhas das árvores em uma floresta? Contaria quantos fios de cabelo tem na sua cabeça? De certa maneira, isso pode parecer absurdo, mas algo semelhante acontece quando algumas pessoas querem preencher o vazio existencial com algo equivocado, é como matar a fome lendo um cardápio, como enxugar gelo...

Evite querer preencher o vazio existencial com comida em excesso, bebidas alcoólicas, drogas e outros vícios que geram uma satisfação momentânea e que intensifica o vazio posteriormente.

Talvez já tenha ouvido dizer sobre fome emocional – a falta de algumas emoções positivas pode gerar a transferência para um prato de comida, chocolates, doces, entre outros que são caminhos malucos para a solução. Convido você a mergulhar profundamente para identificar a raiz da questão. Um bom médico normalmente não trata a tosse, que geralmente é um sintoma da doença, investiga a real causa e busca a solução da mesma. O dito popular "o pior cego é aquele que não quer ver", ou seja, evite se fazer de louco, cedo, surdo ou mudo. Esse tipo de comportamento só piora a causa, aumenta o vazio, turva sua mente e o aprisiona num "mundo de faz de conta". Para esse tipo de loucura, a solução é uma injeção de autorresponsabilidade pelos resultados da sua vida, pelos seus próprios sentimentos, ou situações que vivencia. Tome diariamente comprimidos de autorresponsabilidade e adote uma nova postura. Despeça-se do "eu Coitadinho" do medo de errar e avance para uma vida extraordinária. Ou você domina os

Não seja vazio

seus medos ou seus medos vão dominá-lo.

Você já sentiu um vazio momentâneo? De certa maneira, nosso estado emocional pode sofrer diversas flutuações. Caso tenha sentido um vazio momentâneo, siga as estratégias a seguir:

- Ligue ou se encontre com um amigo(a).
- Dê abraços demorados.
- Faça doações.
- Assista a uma boa comédia.
- Escute uma música de que gosta (exceto se for de estilos melancólicos).
- Mude o seu foco, focalize em coisas motivadoras, realizações do futuro ou do passado.
- Ajuste a sua postura, pratique exercícios.
- Concentre-se na leitura de um bom livro (como este!)
- Faça uma atividade que lhe dê prazer.

Estimule o estado de *flow*, ou seja, de "fluxo", o estado de desempenho ótimo estudado por Mihaly Csikszentmihalyi. No estado de *flow*, canalizamos emoções positivas em uma atividade energizada, sem dispersar o foco, geralmente sentindo felicidade e alegria (GOLEMAN, 2012).

Atitudes simples, resultados poderosos — se um sentimento ruim apareceu em sua mente, diga "oi pensamento, agradeço pensamento, tchau pensamento", direcione o seu foco para emoções e situações positivas.

Regime de reclamação

Passe sete dias sem fazer nenhum tipo de reclamação, toda vez que sentir vontade de reclamar, substitua por agradecer, lembre-se de que a cada adversidade que enfrentamos

Douglas De Matteu PhD

existe a semente de um aprendizado valoroso. Diante da adversidade se pergunte: o que posso aprender diante dessa situação, ou que ação proativa eu posso assumir diante dessa situação e ainda aprender com ela?

Casos práticos

Nos últimos sete anos toquei, treinei e orientei milhares de pessoas sendo em palestras, treinamentos, aulas e, principalmente, nas formações em *Coaching* no IAPerforma, tive contato com inúmeras pessoas que se sentiam desacreditas, desorientadas, desmotivadas, perdidas, mergulhadas em dúvidas, e também aquelas que se sentiam desconectadas da vida, seja a nível pessoal, profissional e/ou relacional. Porém, ouso dizer, pelos inúmeros *feedbacks* verbais e documentados, que uma formação em *Professional & Leader Coach* ou *Professional Coaching* com Inteligência Espiritual, permitiu que seus participantes recuperassem a estima, encontrassem o propósito de vida, conseguissem identificar seus comportamentos sabotares e neutralizantes, enfim, centenas de histórias de superação. Como exemplo, um funcionário frustrado que empreendeu e hoje emprega cerca de sete trabalhadores, pessoas que perdoaram seus pais, relacionamentos estéreis que foram recuperados.

Lembre-se, existem inúmeros caminhos. Permita-se!

Reflita profundamente sobre os seus sentimentos e os transforme no combustível que impulsionará as mudanças na sua vida.

O que fazer quando o vazio persiste?

Procure um profissional para ajudá-lo, seja este psicólogo, terapeuta, *coach*, médico ou constelador familiar. O psicólogo é habilitado a lidar com questões da mente humana e detém o conhecimento, inclusive, para identificar patologias e conduzir tratamentos. O terapeuta possui diversos caminhos terapêuticos para solucionar dores emocionais ajudar a preencher o vazio, levando, cada estilo de terapia, um tempo determinado; recomenda-se sempre a indicação de pessoas que já foram atendidas pela técnica.

O *coach* é o profissional que também trabalha com a mente, no entanto, focaliza mais o autoconhecimento e alcance de objetivos para encontrar o propósito de vida, entre outros, com abordagem mais rápida — até dez sessões. Não é habilitado para atender clientes com patologias.

O médico, às vezes, relaciona o vazio a questões de saúde, seja pela falta de nutrientes, seja pelas questões relacionadas ao funcionamento do cérebro.

O constelador é o profissional que se utiliza da técnica alemã de constelar, interessante abordagem que permite investigar padrões comportamentais herdados da família, possibilitando a quebra de padrões e fornecendo caminhos para alcançar o bem-estar. Geralmente, uma única constelação é suficiente.

Cada caso pode ter um caminho diferente para solução, o importante é lembrar-se de que sempre você pode pedir ajuda e que haverá soluções disponíveis, conforme a sua demanda e necessidade. Se estiver inseguro, solicite o acompanhamento de um familiar ou amigo para ir com você nesses profissionais.

Acredite, existem muitas pessoas dispostas a ajudar, é só

Não seja vazio

deixar de lado o orgulho e pedir. Você poderá se surpreender com os resultados. Permita-se! Para auxiliá-lo nessa etapa, desenvolvemos uma metodologia chamada NSV (Não Seja Vazio), para aumentar a sua percepção quanto a sua qualidade de vida. Siga as dicas abaixo e descubra suas alavancas de aprimoramento.

Quadro da qualidade de vida
Modelo: Ronaldo Pazini e Douglas De Matteu

	Percepção	Ações Importantes	De 1 a 10
1	Qualidade de sono.	Dorme de 8 a 9 horas por dia Realiza atividades físicas regularmente.	
2	Atividade física.	(Musculação, esportes, danças, lutas, no mínimo 30 minutos diários, ou 10 passos em 5 dias por semana).	
3	Alimentação.	Se alimenta bem (sua alimentação diária inclui 5 a 7 refeições, possui porções de frutas, legumes e verduras).	
4	Gestão de emoções.	Gerenciar as situações de estresse (pensa antes de agir)	
5	Meio ambiente.	Atua com utilização racional dos recursos naturais (faz coleta seletiva, se preocupa com a emissão de gases tóxicos).	
6	Aprendizado constante.	Aprende algo novo sempre (ler um bom livro, assistir uma boa aula, conversar com uma pessoa interessante).	
7	Amizades.	Manter bons relacionamentos (no trabalho, em casa, no condomínio, escola) Procura ouvir mais do que falar.	

8	Voluntariado	Participar de grupos que realizam ações para o próximo.
9	Gestão espiritual	Ter significados na vida - 5 minutos por dia de reflexão.
10	Ensinamento	Ensina algo a alguém.
11	Família	Prioriza atividades com a família ou com companheiro(a).
12	Lazer ativo	Realiza atividades ao ar livre, contempla a natureza.

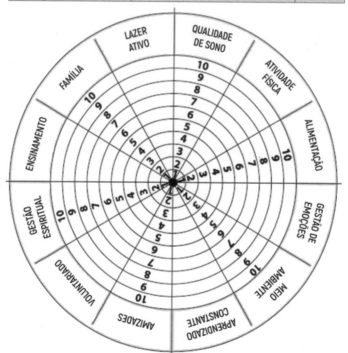

Roda da Qualidade de Vida

Não seja vazio

Eleja três pontos que assinalou como as alavancas para o seu desenvolvimento, descreva três ações práticas para elevá-los, coloque prazos e realize! Depois nos conte como foi o resultado colocando em sua rede social com #naosejavazio.

Metodologia para se desenvolver a qualidade de vida nas escolas

Como pedagogo, deixo também uma breve reflexão sobre a educação no Brasil. A escola tem o papel de responsabilizar-se pela educação formal dos cidadãos, se posicionando como um dos agentes em condições de contribuir para a transformação destes, sendo dever do Estado garantir a estrutura e a qualidade de ensino nas escolas. Sabemos que a educação pública é responsabilidade do governo federal, estadual e municipal. Acrescento aqui que é responsabilidade de todos nós! As políticas públicas são um conjunto de ações sociais que compreendem o esforço da sociedade, principalmente das instituições para garantir de forma permanente, os direitos de cidadania a todos. Torna-se fundamental a promoção de políticas públicas adequadas que unam a saúde e a educação, áreas que, juntas, podem promover a saúde de toda a população.

O otimismo pedagógico, até então vigente, entra em crise diante da constatação de que os investimentos, na área da educação, não haviam alcançado os resultados esperados na economia e no progresso tecnológico. (BRANDÃO, 2004, p. 16).

Percebemos que a educação brasileira está longe de chegar ao seu objetivo de se igualar ao patamar mundial, mas devemos fazer a nossa parte em ajudar e lutar para que as leis sejam cumpridas na íntegra. Conhecemos muitos programas para escola e para os professores idealizados pelo governo, porém, para que possamos melhorar a educação em nosso país, cabe ao governo investir mais na qualidade da educação, pois o investimento feito até agora não foi o suficiente para melhorar a sua estrutura.

Acredito que os problemas da educação no país são muito mais complexos que os relatados neste texto, porém

Não seja vazio

são necessárias mudanças que passam pela diminuição do número de alunos nas salas, maior valorização salarial aos professores, qualificações constantes e uma ampla discussão com envolvimento das famílias. Todas essas ações precisam alcançar o objetivo de diminuir a evasão escolar, inserir o aluno no contexto social e preparar o jovem para uma vida plena e saudável e não somente preocupada com a inserção no mercado de trabalho, que, a meu ver, vai acontecer naturalmente conforme esse jovem esteja mais preparado.

Dessa forma, ofereço uma sugestão sobre como poderíamos ter a matéria qualidade de vida nas escolas, sendo trabalhada desde a infância – "Pensando o ser humano de forma global".

Criação de uma nova função nas escolas: coordenador de eventos com a família; equipe multidisciplinar com psicólogo, educador físico, pedagogo e com a participação voluntária de pais e familiares.

Objetivos do projeto: erradicar a depressão, ansiedade e isolamento social nas escolas. Utilizar *cases* de sucesso e trabalhos interdisciplinares propostos pelos professores, por exemplo: Projeto Escola da família/Amigos da escola.

Atividades práticas: palestras; pinturas; grafite; musicalização; fanfarra; capoeira; esportes; teatro e idiomas.

Rodas de conversas com os pais e alunos.

No bairro onde moro, existem duas escolas de ensino fundamental. Com essa metodologia, o Coord. de Eventos com a família (CEF) seria responsável por essas duas escolas – teria uma carga horária de 20 semanais e salário de R$ 2.500,00.

Pilares do projeto: aproximação das famílias, trabalhos interdisciplinares e acompanhamento psicológico – família, escola, sociedade –, controles de presença e evasão das ações em parceria com conselho tutelar, polícia militar, corpo de bombeiros.

Não financie com a sua vida
Recente matéria publicada no portal R7 mostra que o número de trabalhadores com carteira é o menor já registrado.

Ronaldo Pazini

Hoje, cerca de 91,2 milhões de pessoas trabalham com carteira assinada, enquanto o número de brasileiros fora da força de trabalho — que não trabalham nem procuram emprego — atingiu 65,6 milhões, um aumento de 1,2% em três meses, ou de 774 mil pessoas. Os estudos ainda mostram que 63 milhões de brasileiros estão endividados.

A escola prepara as crianças para o mundo real? Essa pergunta está na primeira linha do livro *Pai rico, pai pobre*, escrito por Robert Kiyosaki e Sharon Lechter, de grande sucesso no mundo inteiro. Na minha modesta reflexão sobre o assunto, minha resposta é não!

Segundo Cury (2014), quanto pior for a qualidade da educação, mais importante será o papel da psiquiatria e da psicologia clínica. E elas nunca foram tão importantes, pois, sinceramente, nunca estivemos tão doentes mental e emocionalmente.

Assim, trago para este livro a importância de trabalharmos esse tema desde cedo com as crianças e os jovens. Temos que desenvolver um pensamento diferente do que é transmitido hoje. O consumo desenfreado, as margens de lucros dos cartões de crédito e a taxa do cheque especial precisam estar nas salas de aula e em nossas casas. Ou seja, não somos educados financeiramente, não temos ainda noções básicas de investimento e, se não mudarmos essa realidade, ficaremos sempre à mercê das crises financeiras e momentos políticos.

Ainda seguindo o raciocínio de Cury (2014), "os herdeiros pensam que todas as escolhas implicam ganho; os sucessores sabem que todas as escolhas implicam perda: têm consciência de que é preciso perder o trivial para alcançar o essencial". Vamos exemplificar essa questão com uma ação: imagine os alunos do ensino fundamental (1º ao 5º ano) trabalhando em uma horta dentro da escola. Eles passam por ali toda semana. Cuidam da terra, plantam as sementes e regam as alfaces. Cada turma tem uma função predeterminada.

Não seja vazio

Os alunos do ensino fundamental II (6º ao 9º ano) organizam uma feira e precificam os itens com base no custo de plantio e manuseio, calculando uma margem de segurança de 50% para o valor final. Ou seja, se o custo de plantio de um pé alface foi de R$ 2,50, ele será vendido por R$ 3,75. Um cacho de bananas que teve seu custo de plantio e manuseio de R$ 4,00 será vendido por R$ 6,00. Os alunos do ensino médio serão responsáveis por acompanhar os rendimentos e aplicar o dinheiro em uma poupança (com rendimento de 0,4% ao mês). Em nosso exemplo, cada feira rende para essa escola R$ 200,00 ao mês de lucro, somando R$ 2.000,00 nos 10 meses letivos. Assim, ao final do ano esse fundo somaria aproximadamente R$ 2.080,00. Não entraremos na discussão se é muito ou muito pouco, o que quero deixar para sua reflexão é que todos os atores deste exemplo saíram fortalecidos, se trabalhadas as noções financeiras contidas em cada etapa. Dos menores aos maiores, os alunos vão sentir o quanto é valoroso trabalhar, guardar e poupar. Se o dinheiro for utilizado para algum bem comum todo esforço valeu a pena. Dessa forma, acredito na educação como a única forma de mudar o contexto que vivemos hoje.

O diferente é melhor quando é mais eficiente ou mais divertido. Se todo mundo define um problema ou o soluciona de determinada forma e os resultados são insatisfatórios, é hora de perguntar "e se eu fizesse o contrário?". Não siga um modelo que não funciona. Se a receita não funciona, não importa o quão bom cozinheiro você é (FERRISS, 2008, p. 34).

Os jovens estão fora do mercado de trabalho pelas mais diversas razões, seja estudo, seja desemprego ou por opção, assim estão fora do mercado de crédito, reduzindo o contingente de potenciais inadimplentes. Os idosos estão permanecendo por mais tempo no mercado de trabalho, a renda está mais curta devido ao aumento expressivo de

Ronaldo Pazini

gastos com o plano de saúde, remédios e empréstimos con-
signados que, muitas vezes, comprometem grande parte do
orçamento. Por isso, para que as gerações futuras quebrem
o círculo vicioso que nos encontramos é necessário agir
hoje. Pois, se não, teremos os mesmos escravos do cartão
de crédito ou endividados eternos.

Questione, entenda, evolua
Você já parou para pensar como nós aprendemos? Ao
longo dos anos, os estudos sobre o cérebro avançam e nos
revelam o quanto essa estrutura é extraordinária.
Quando nascemos, já possuímos cerca de 30% das conexões neurológicas prontas para ser estimuladas. Mas, se não
recebermos os estímulos adequados, podemos não desenvolver todas as nossas potencialidades.
Uma forma de estimular o cérebro é aguçar os sentidos.
Quando estimulamos os nossos sentidos - visão, audição,
olfato, tato e paladar – colocamos conhecimento dentro de
nosso cérebro e vamos estimulando as novas conexões.
A prática de exercícios ajuda na regulação das substâncias ligadas ao sistema nervoso, pois melhora o fluxo
de sangue ao cérebro e ajuda na capacidade de lidar com
problemas e com o estresse. Sabemos, também, que o
exercício auxilia na abstinência de drogas e na recupera-
ção da autoestima.
Alguns alimentos são excelentes, como os ovos, que
melhoram a memória e a concentração e fornecem energia; o abacate, que fortalece as estruturas do cérebro; o
tomate, que melhora a função cerebral; e o salmão, que
melhora a memória.
Assim, coloque esses alimentos em sua dieta e acrescente uma forma que é infalível para fortalecer o cérebro: en-
sine. Quando você ensina, transborda o conhecimento e coloca pra fora todo aquele conhecimento acumulado. Por isso,

Não seja vazio

tente algo novo todo dia, alimente-se bem, faça exercícios, questione, entenda e evolua sempre!

Muito obrigado pela sua leitura, espero ter contribuído com o seu desenvolvimento. O texto a seguir é a introdução de meu próximo livro.

Há vitórias que começam com tropeços, às vezes parece que vai ser o fim, e na verdade é o começo de uma nova história.

Seja inclusivo

Você já parou para pensar quantas pessoas com deficiência estão devidamente inseridas na sociedade? Segundo a ONU – Organização das Nações Unidas, são cerca de um bilhão de pessoas em todo o mundo. No Brasil, de acordo com o último censo do IBGE – Instituto Brasileiro de Geografia e Estatística, cerca de 6,7% de nossa população possuem algum tipo de deficiência.

Ter uma pessoa com deficiência na família aumenta em média 1/3 o custo de vida, apenas 45% dos meninos e 32% das meninas terminam o ensino médio e cerca de 35% das pessoas com deficiência são economicamente ativas nos países desenvolvidos. No Brasil, ainda não temos esse estudo, mas são nítidas as dificuldades de encontrar pessoas com deficiência nos locais de trabalho – estima-se que apenas 1% dos deficientes está no mercado de trabalho, ou seja, ainda estamos longe de ser uma sociedade inclusiva e temos um grande desafio nessa questão. A lei 13.146 ampara a pessoa com deficiência, mas a mudança de paradigma está em cada indivíduo que carrega consigo falta de empatia, falta de respeito e preconceito. Precisamos mudar isso, mudar o olhar, pois a maioria das pessoas com deficiência possui condições de aprender e se desenvolver, basta receber os estímulos adequados e as oportunidades justas.

O que ele vai falar primeiro?

Esse será o nome do meu próximo livro que irá mostrar a trajetória de um pai e seu filho autista. Aqui deixo um breve relato e uma mensagem de otimismo para todos que têm filhos ou convivem com crianças e jovens com autismo.

Não seja vazio

Sempre acreditei que ter um filho era algo muito especial. O Fefê não falava, gostava de brincar sozinho e rejeitava qualquer tentativa de interação social até os dois anos. Ouvimos muitas besteiras e passámos por inúmeros consultórios e renomados hospitais até o fechamento do laudo que mudaria nossas vidas! Desde então, seguimos com as terapias com fonoaudiologia, terapeuta ocupacional, psicólogo clínico, neurologista e pediatra. Também faz terapia com o método ABA — abreviatura de *applied behavior analysis* (análise do comportamento aplicado) —, faz natação e musicoterapia. Tem um cachorrinho chamado Luke, o qual ele alimenta, brinca e leva para passear. Tudo isso tem ajudado nosso "Guerreiro Glorioso" a superar suas dificuldades. Todos os dias lutamos contra todo e qualquer tipo de preconceito, falta de informação e temos fé em uma sociedade em que toda criança autista seja tratada com respeito.

Não conheci até hoje a melhor sensação do que ser PAI. Já pensava na prática de esportes, nas brincadeiras, no parque, ir ao cinema juntos, compartilhar as conquistas na escola. Ser um PAI com autoridade e também um amigo. Para mim, receber o diagnóstico de autismo do Luís foi algo muito difícil, mesmo sabendo que isso não impediria de viver com ele todos aqueles sonhos que descrevi na frase de cima. Confesso que foi muito complicado, por vezes me pegava a pensar o quanto havia sofrido por conta do lábio leporino e agora com meu filho. Foi quando comecei a ler mais e até troquei minha disciplina na faculdade onde leciono pela matéria "Fundamentos da Educação Inclusiva" por já ter a aderência necessária por coordenar programas com pessoas com deficiência. Assim, tomei o comando de minha vida nessa jornada rumo a encontrar caminhos para desenvolver suas potencialidades e ajudá-lo em uma sociedade preconceituosa, sem empatia e com tantos desafios para a inclusão.

Na matéria "Fundamentos da Educação Inclusiva", que leciono na faculdade, sempre proponho aos meus alunos da gra-

Ronaldo Pazini

duação em Educação Física trabalhos de pesquisa de campo. Nesses trabalhos, os alunos vão pesquisar como está na prática a inclusão das pessoas com deficiência. O resultado dessa pesquisa realizada no ano de 2018, publicada na revista científica *Interfaces*, que é uma obra intelectual da universidade, mostrou que não existe uma metodologia para o trabalho com alunos com deficiências, poucos professores conhecem os esportes adaptados que poderiam fazer parte de um cronograma de aulas. Foi constatado que o profissional de Educação Física precisa fazer um diagnóstico para verificar qual é a deficiência de cada aluno e, assim, propor atividades que o aluno possa vivenciar nas aulas, pois muitos não possuem laudo médico que confirmam a deficiência. Mesmo assim, propomos que o planejamento deve despertar o interesse de todos e fazer com que experimentem os esportes adaptados, mesmo que não tenham nenhuma deficiência, pois só assim estará sendo desenvolvida a criticidade e o respeito. Estimulando a convivência entre os alunos. Assim, as escolas possuem um grande desafio quanto à acessibilidade e pouco foi visto quanto a materiais sensoriais adaptados (bolas com guizos, mini-redes, bolas de borracha, kits para atletismo, etc.). Esses materiais voltados à prática de esporte, lazer e cultura oferecem maiores possibilidades de participação aos alunos com deficiência. Instrumentos musicais e murais informativos feitos pelos próprios alunos também são fontes importantes para difundir o conceito de escola inclusiva.

Foi observado que as escolas em geral não possuem condições físicas/estruturais (acessibilidade) para atender o aluno com deficiência. O professor, por sua vez, não dispõe de materiais adaptados para a prática das aulas. Tendo assim que improvisar e isso prejudica a qualidade das aulas. Foi constatado que muitas escolas possuem o Atendimento Educacional Especializado (AEE), que está previsto na Lei n. 13.146, de 6 de julho de 2015, com objetivo de atender estudantes com deficiência e garantir o seu pleno acesso ao currículo em condições de

Não seja vazio

igualdade, promovendo a conquista e o exercício de sua autonomia; mas em nenhuma das escolas pesquisadas o AEE atua com a Educação Física e parte dos professores que ministram a disciplina não tiveram essa matéria em sua formação. Dessa forma, justificam as atividades pouco estruturadas e planejadas de acordo com a necessidade do aluno com deficiência. Abaixo foram elencados os fatores que contribuem para a não participação dos alunos com deficiência nas aulas de Educação Física Escolar:

Acessibilidade – 49%
Conhecimento profissional – 29%
Materiais adaptados – 9%
Treinamentos/capacitações – 13%

Essa discussão mostra o quanto estamos distantes de uma escola inclusiva. Uma escola pensada para receber alunos com deficiência. Percebemos que o modelo atual exclui o aluno com deficiência de qualquer prática motora e favorece a desmotivação e abstenção das aulas. Precisamos de profissionais bem preparados, escolas com acessibilidade, materiais adequados, além de capacitações aos professores que atuam diretamente com os alunos. Acreditamos que é possível motivar os alunos com deficiência para as aulas de Educação Física Escolar, oferecendo-lhes uma ampliação da oferta de esportes adaptados e fortalecendo a aquisição de valores que o esporte desenvolve como: a disciplina, o respeito, o trabalho em equipe e a autonomia tanto falada na Lei Brasileira de Inclusão (LBI). Esses fatores somados à participação dos pais, aos colegiados e à supervisão escolar resultaria no desenvolvimento constante para os alunos com deficiência. A motivação dos alunos seria diferente, mas isso só seria possível com engajamento, integração e motivação de todos os envolvidos no processo de ensino e aprendizagem dentro das escolas.

Ronaldo Pazini & Douglas De Matteu PhD

Referências

ANDRADE, D. R.; TIMERNAN, F.; MELO, M. de.; LOTUFO, P. A. *Temas avançados em qualidade de vida.* São Paulo: Midiograf, 2018.

BARBOSA, S. R. da C. S. *Qualidade de vida e ambiente: uma temática em construção.* In: _____ (org.). *A temática ambiental e a pluralidade do Ciclo de Seminários do NEPAM.* Campinas: UNICAMP, NEPAM, 1998.

BETTI, M. *Esporte e sociologia.* In: TAMBUCCI, P. L.; OLIVEIRA, J. G. M. de; SOBRINHO, J. C. *Esporte e Jornalismo.* São Paulo: CEPEUSP, 1997, p. 39-49.

BRAMANTE, A. C.; OGATA, A.; NAHAS, M. V.; FONSECA, C. H. *Profissionais saudáveis, empresas produtivas.* São Paulo: Editora Elsevier, 2012.

BRANDÃO, C. da F. *Estrutura e funcionamento do ensino.* São Paulo: AVERCAMP, 2004.

CHIAVENATO, I. *Gestão de pessoas.* Rio de Janeiro: Campus, 2008.

COLLARD, P.; STEPHENSON, H. *Mindfulness: a dieta.* 1.ed. Rio de Janeiro: Best Seller, 2015.

CORTELLA, M. S. *Por que fazemos o que fazemos?*: aflições vitais sobre trabalho, carreira e realização. São Paulo: Planeta, 2016.

_____. *Qual é a tua obra: inquietações propositivas sobre gestão, liderança e ética.* Petrópolis: Vozes, 2010.

COVEY, S. *Os 7 hábitos das pessoas altamente eficazes.* Rio de Janeiro: BestSeller, 2011.

CURY, A. *O código inteligência e a excelência emocional.* Rio de Janeiro: Thomas Nelson Brasil, 2010.

_____. *Oitavo código da inteligência: código do eu como gestor da emoção.* In: *O código da inteligência: a formação de mentes brilhantes e a busca pela excelência emocional e profissional.* Rio de Janeiro: Thomas Nelson Brasil/Ediouro, 2008.

_____. *Revolucione sua qualidade de vida.* São Paulo: Sextante, 2011.

CYRULIN, D.; GIANSANTE, M. F. C.. *Detox de corpo e alma.* 1. ed. São Paulo: Enkla, 2017.

FERRISS, T. *Trabalhe 4 horas por semana.* São Paulo: Editora Planeta, 2008.

GOLEMAN, D. *Inteligência emocional.* Rio de Janeiro: Objetiva,1995.

Não seja vazio

GARDNER, H. *Inteligências múltiplas: a teoria na prática*. 1. ed. Porto Alegre: Artes Médicas, 1995.

HUNTER, J. C. *O monge e o executivo: uma história sobre a essência da liderança*. 18. ed. Rio de Janeiro: Sextante, 2004.

JOY EL, BLAIR SN, MCBRIDE P, SALLIS R. *Physical activity counselling in sports medicine: a call to action*. Br J Sports Med. 2013 Jan;47(1):49-53.

LIMONGI, A. C. *Qualidade de vida no trabalho – Qvt: conceitos e práticas nas empresas da sociedade pós-industrial*. São Paulo: Atlas, 2002.

_____.; RODRIGUES, A. L. *Stress e trabalho: guia básico com abordagem psicossomática*. São Paulo: Atlas, 1997.

PAIVA, L. A.; MACILHA J.; RICHARDS J. *Coaching: passo a passo*. Rio de Janeiro: Qualitymark, 2011.

MATTEU, D. *Acelere seu resultado pessoal e profissional*. São Paulo: Literare Books, 2016.

MATTEU, D. *Transformando vidas através do coaching evolutivo*. In: PERCIA, A.; MATTEU, D.; MARQUES, J. R.; SITA, M. *Master coaches*. São Paulo: Ser Mais, 2012.

MATTEU, D.; MATTEU, I. F. *Coaching na educação: uma metodologia de alta performance*. Revista Compartilhe Docência, v. 1, n. 1., 2016. Disponível em: <http://www.revistaseletronicas.fmu.br/index.php/CompartilheDocencia/article/view/1103>. Acesso em: 31 de mar. de 2018.

MATTEU, D.; PORTIGLIATTI, A. *O segredo da alta performance: alinhamento do seu perfil comportamental com o coaching de alto nível*. In: _____.; SITA, M.; FONSECA, R.; FARIAS, W. *Coaching aceleração de resultados*. São Paulo: Ser Mais, 2015.

MATTEU, D.; SANTOS, T. G. *Perfil dos coaches profissionais no Estado de São Paulo*. In: SIMPÓSIO INTERNACIONAL DE LIDERANÇA E COACHING, 2016, Mogi das Cruzes. *Desafios e estratégias para líderes e coaches de alta performance*. Mogi das Cruzes: Fatec de Mogi das Cruzes, 2016.

MELGOSA, J.; BORGES, M. *O poder da esperança: segredos do bem-estar emocional*. Tatuí: Casa Publicadora Brasileira, 2017.

NAHAS, M. V.; BARROS, M. V. G.; FRANCALACCI, V. L. *O pentáculo do bem-estar: base conceitual para avaliação do estilo de vida de indivíduos ou grupos*. Revista Brasileira de Atividade Física e Saúde, Pelotas, v. 5, n. 2, 48-59, 2001.

NAHAS, M. V. *Atividade física saúde e qualidade de vida: conceitos e sugestões para um estilo de vida ativo*. 4. ed. Londrina: Midiograf, 2006.

NERY, A. L. *Qualidade de vida e idade madura*. 7. ed. Campinas: Editora Papirus, 2007.

PERCIA, A. *Coaching, missão e superação – desenvolvendo e despertando pessoas!*. São Paulo: Ser Mais, 2012.

RONCHI, C. C. *Sentido do Trabalho: saúde e qualidade de vida*. Curitiba: Juruá, 2010.

ROBBINS, A. *Desperte o seu gigante interior*. 22.ed. Rio de Janeiro: Bestseller, 2012.

REES, J. *Você sabe usar o poder da sua mente? Melhore sua saúde mental e maximize o seu potencial*. São Paulo: Senac, 2009.

SANT'ANNA, A. S.; KILIMNIK, Z. M. *Qualidade de vida no trabalho: abordagens e fundamentos*. Rio de Janeiro: Campos, 2011.

SHINYASHIKI, R. *O sucesso é ser feliz*. São Paulo: Editora Gente, 1997.

SELIGMAN, M. E. P. *Felicidade autêntica*. Rio de Janeiro: Objetiva, 2010.

STUBING, K. S. *Uma intervenção com meditação para pacientes internados com transtorno alimentar*. 2015. Dissertação (Mestrado em Psiquiatria) - Faculdade de Medicina, Universidade de São Paulo, São Paulo, 2015. doi:10.11606/D.5.2016.tde-03022016-094452. Disponível em: <http://www.teses.usp.br/teses/disponiveis/5/5142/tde-03022016-094452/pt-br.php>. Acesso em: 05 de fev. de 2019.

WARREN, R. *Você não está aqui por acaso*. São Paulo: Vida, 2005.

SITES

G1. *Celular lidera lista do que mais atrapalha a produtividade no trabalho*. Disponível em: <http://g1.globo.com/economia/concursos-e-emprego/noticia/2016/06/celular-lidera-lista-do-que-mais-atrapalha-produtividade-no-trabalho.html>. Acesso em: 21 de jun. de 2016.

R7. *63 milhões de brasileiros estão endividados, segundo SPC*. Disponível em: <https://noticias.r7.com/economia/63-milhoes-de-brasileiros-estao-endividados-segundo-spc-13092018>. Acesso em: 25 de mai. de 2018.

O Globo. *Veja quem são as vítimas do massacre da escola de Suzano (SP)*. Disponível em: <https://oglobo.globo.com/brasil/veja-quem-sao-as-vitimas-do-massacre-da-escola-de-suzano-sp-23519004>. Acesso em: 15 de mar. de 2018.

Não seja vazio

G1. *Desemprego recua para 12,4% em junho, mas ainda atinge 13 milhões de pessoas, diz IBGE*. Disponível em: <https://g1.globo.com/economia/concursos-e-emprego/noticia/2018/07/31/desemprego--fica-em-124-em-junho-e-atinge-13-milhoes-de-pessoas-diz-ibge. ghtml>. Acesso em: 02 de set. de 2018.

Nações Unidade. *OMS define 10 prioridades de saúde para 2019*. Disponível em: <https://nacoesunidas.org/oms-define-10-prioridades--de-saude-para-2019/>. Acesso em: 20 de jan. de 2019.

O Pensador. Alexsandra Zulpo: *Envelhecer é inevitável, mas crescer...* Disponível em: <https://www.pensador.com/frase/MTA4MTQ5OA/>. Acesso em: 20 de jan. de 2019.

Melhor com Saúde. *A spirulina, um alimento surpreendente*. Disponível em: <https://melhorcomsaude.com.br/spirulina-alimento-sur-preendente/>. Acesso em: 09 de mai. de 2019.

Mundo Carreira. *A importância da liderança pessoal na formação de um gestor de sucesso*. Disponível em: <http://www.mundocarreira. com.br/lideranca/importancia-da-lideranca-pessoal-na-formacao--de-um-gestor-de-sucesso/>. Acesso em: 22 de fev. de 2019.

Correio Brasiliense. *As particularidades do Autismo*. Disponível em:<https://www.correiobraziliense.com.br/app/noticia/revis-ta/2017/10/15/interna_revista_correio,633480/as-particularidades--do-autismo.shtml>. Acesso em: 03 de nov. de 2018.

LEGISLAÇÃO DE SEGURANÇA E MEDICINA DO TRABALHO. *Manual Prático, atualizado até janeiro/03*. FIESP/CIESP. Disponível em: http://www.fiesp.com.br/indices-pesquisas-e-publicacoes/ma-nual-legislacao-em-seguranca-e-medicina-do-trabalho/.Acesso em: 11 de out. de 2018.

O que acontece com nosso corpo quando não dormimos bem? Disponível em: <https://br.blastingnews.com/ciencia-saude/2017/11/o--que-acontece-com-nosso-corpo-quando-nao-dormimos--bem-002137313.html>. Acesso em: 01 de fev. de 2018.

Estudo revela horas de sono necessárias para cada idade. Disponível em: <http://www.planassiste.mpu.mp.br/news/estudo-revela-horas-de-so-no-necessarias-para-cada-idade>. Acesso em: 01 de fev. de 2018.

Ronaldo Pazini & Douglas De Matteu PhD

AUTOR: Ronaldo Pazini

Pós-graduado em Educação Física Escolar e Administração e *Marketing*. Possui graduação em Educação Física (UNI FMU) e Pedagogia. Atuou como Coordenador de Qualidade de Vida do SESI desenvolvendo ações para promoção de qualidade de vida do trabalhador da indústria e seus familiares por 15 anos. Docente e coordenador do curso de Pós-Graduação em deficiência Física na Universidade Piaget campus Suzano. Docente na universidade de Jaguariúna/SP polo centro. É colunista na revista mídia Condomínios, em que escreve artigos sobre qualidade de vida. Atuou como Professor do curso de Educação Física na Universidade de Suzano (UNISUZ) onde escreveu diversos artigos para revista científica *Interfaces* com resultados de pesquisas na área de qualidade de vida, envelhecimento saudável e esportes para reabilitação e inclusão para pessoas com deficiência. É sócio-proprietário da Empresa QPZ – Qualidade de Vida e Desenvolvimento Humano, atuando como *Life Coach* e *Coach* Educacional com ações em empresas, escolas e atendimento individual.

EMPRESA QPZ – QUALIDADE DE VIDA E DESENVOLVIMENTO HUMANO
Investir na saúde da equipe vai ser sua diferença competitiva. A QPZ surgiu para ajudar sua empresa a diminuir os custos relacionados ao absenteísmo, presenteísmo e à sinistralidade do plano de saúde de maneira simples e eficiente. Seguimos as normas do governo quanto à plataforma eSocial.

Conheça alguns serviços:

Ginástica laboral
A Ginástica Laboral com a QPZ é diferente! Aqui o resultado aparece, pois nosso planejamento é feito de acordo com os grupos musculares e movimentos que o funcionário realiza durante sua jornada.

Treinamentos, cursos e palestras
Sua equipe necessita de qualificação rápida! Temos vários temas e os melhores profissionais para essa capacitação. Alguns temas:

Não seja vazio

trabalho em equipe, gestão do tempo, comunicação assertiva, papel profissional e sentido do trabalho, entre outros.

Capacitação para Aprendizes – Lei da Aprendizagem n. 10.097, de 19 de dezembro de 2000.
Com base na Lei da Aprendizagem n. 10.097/00, que em linhas gerais diz que as empresas de médio e grande porte devem empregar um percentual de aprendizes entre 5 e 15% do corpo funcional. As aulas visam preparar efetivamente o jovem de acordo com o perfil de sua empresa.

Leis de Cotas e de Inclusão da Pessoa com Deficiência n. 8.213, de 24 de julho de 1991, e 13.146, de 6 de julho de 2015.
Auxiliamos sua empresa na seleção, contratação e capacitação de PCDs para o trabalho. Nossa metodologia permite que sua empresa receba pessoas com deficiência conhecendo e vivenciando suas dificuldades, potencialidades e limites possibilitando sua integração e convivência no local de trabalho.

Assessoria em grupos de corrida e caminhada
O Grupo de Corrida e Caminhada é uma prática acessível e inclusiva, que atinge todas as faixas etárias, gêneros e condições físicas. Os treinamentos podem ser dentro ou fora da empresa.

www.qpzqualidadedevida.com.br
E-MAIL: contato@qpzqualidadedevida.com.br
WHATSAPP: (11) 98046-5331

Autor: Prof. Douglas De Matteu, Ph.D.

Consolida-se como um dos maiores nomes do *Coaching* da atualidade. Com ampla produção acadêmica, já participou em mais de 30 livros. Possui Mestrado na "Arte do Coaching" e é doutor em *Business Administration*, Ph.D." pela Florida Christian University – FCU/EUA. Bacharel em Administração de Empresas, com três pós-graduações nas áreas de Educação a Distância, *Marketing* e Gestão de Pessoas, mestrado em Semiótica, Tecnologias da Informação e Educação. É credenciado como formador de *Coaches* pelo World Coaching Council (Alemanha/Brasil). Diretor-presidente do Instituto de Alta Performance Humana – IAPerforma, que já formou centenas de *Coaches*. Professor concursado na FATEC de Mogi das Cruzes, onde coordena o Grupo de Ensino e Pesquisa em Liderança e *Coaching* – GEPLICO. É professor da FCU/EUA, na cadeira de *Coaching*, onde leciona nos EUA, Brasil e Japão. Constelador e *trainer* em programação neurolinguística – PNL. Representante do SYSPERSONA® e da Internacional School of Business and Coaching no Brasil. Contatos: www.iaperforma.com.br – douglas@iaperforma.com.br.

INSTITUTO DE ALTA PERFORMANCE HUMANA – IAPERFORMA®
Oferecemos um conjunto completo de soluções em gestão do capital humano para os diferentes ciclos da trajetória de profissionais e de empresas, utilizando das mais avançadas metodologias de desenvolvimento humano.
Atuamos com *Coaching*, PNL, constelações, perfil comportamental, desenvolvimento de líderes, equipes, palestras customizadas com uma abordagem inovadora, sistêmica, atualizada e pragmática.

Principais produtos:
- Formação Professional & *Leader Coach*.
- *Master Coach*.
- *Professional Coach* com Inteligência Espiritual.
- *Master Coach* com Inteligência Espiritual.
- Perfil Comportamental – DISC, SYSPERSONA e SOAR.
- Desenvolvimento de Equipes.

Não seja vazio

- Desenvolvimento de liderança e liderança *coach*.
- Treinamentos focados em vendas.
- Inteligência emocional.
- Treinamentos com vivenciais de alto impacto.
- *Mentoring*.
- Oratória e comunicação.
- Vendas com PNL.
- Palestras *in company*.

www.iaperforma.com.br
Alameda Santos, 1773, sala 306 - Jardim Paulista - SP CEP 01419-002
E-MAIL: comercial@iaperforma.com.br
facebook.com/IAPerforma
(11) 3995-4758
WHATSAPP: (11) 97599-8626